もはや日本には
創造的破壊(ガラガラポン)しかない!!

浅井隆 著／石破茂 インタビュー収録

第二海援隊

プロローグ

迫り来る大変革期に臨んで

明治維新からおよそ一五〇年、太平洋戦争敗戦により進駐軍が〝第二の黒船〟として日本に乗り込んできたにも関わらず、日本の官僚システムはそのまま生き残り、維新政府が作り出した中央集権システムを温存したまままここまで来てしまった。明治時代には確かに時代に合った優れたシステムだったかもしれないが、いよいよここにきて日本の政治官僚システムはサビだらけとなり、弊害だけが目立つようになった。その結果、私たちのもとには膨大な借金だけが残った。しかも、誰も本格的改革を言い出さないし実行しようともしない。

そうした中、今回のコロナ危機がやってきた。ＰＣＲ検査は先進国とは思えない能力しか持たず、安倍前総理は布マスクを全国民に配って冷笑をあびた。

国民よ、そろそろ目覚めよう。バラ撒きを求めるだけではなく、自らの力と声で国のあり方を変え、二一世紀の新しい国家像を力を合わせて作り上げよう。

本書は、自民党元幹事長の石破茂氏と私が対談形式でまず〝あるべき日本の姿〟を大雑把に語り、その後に浅井が坂本龍馬になり代わって、〝彼なら今、こんな船中八策を思い付くだろう〟という構想を詳しくまとめてみた。

政治は日本の根幹であり、放置すると将来、とんでもないこととなる。新型コロナによって、日本だけでなく世界中がバラ撒きを要求し、各国政府は支援という名の下に巨大な財政赤字を容認した。致し方ないこととはいえ、ツケはいつか必ず回ってくる。それを払うのは、やはり国民だ。特に日本の場合、社会保障と財政が持続不可能なことは誰の目にも明らかだ。現実を直視せず「なんとかなるさ」と高《たか》を括《くく》っていると、将来とんでもない目に遭うだろう。

いずれにせよ、「創造的破壊」と呼ぶべきか「ガラガラポン」というべきか、あるいは「革命」と大袈裟に叫ぶべきかはわからないが、大変な変革期が迫っていることだけは間違いない。それを明治維新のように日本人自らが主導権を取ってやるのか、太平洋戦争のように進駐軍（今回はＩＭＦか）が入ってきて無理矢理変えさせられるのか。二つに一つしかない。

本書を読んでぜひ読者諸氏も志を新しくし、次の日本の光り輝くビジョンを作り出すためのスタート地点に立とうではないか‼

二〇二〇年一二月吉日

浅井　隆

本書は二つの部分から構成されている。まず、第一章は石破茂氏へのインタビューである。興味深かったのは、彼から政治家というより歴史学者、哲学者、戦略家のような印象を受けたことだ。いずれにせよ、「持続可能性」という言葉は心に刺さった。

後半の第二章以降は、石破茂氏本人の意見・政策とは関係なく、浅井独自の政策論・国家論を論じている。この点にご留意いただきたい。

目次

もはや日本には創造的破壊（ガラガラポン）しかない‼

プロローグ

迫り来る大変革期に臨んで　2

第一章　石破 茂―浅井 隆 対談

「新型コロナ」は世界を「スペイン風邪」の二の舞へと陥れるのか　12
理想の国家像とは？　25
生き残るためには何が必要か　36
日本列島を改造した田中角栄が生きていたら⁉　39
日本の財政を少しでも良くするために　51
まだこの国を富ませる方策はある　55
今、そこに必要な「新型コロナ対策」　58
財源としての消費税をどう考える　61

平成・令和の成長戦略　63
若い人たちに歴史を教えて奮い立たせる　67
動乱の世界の中で日本を守るために　79

第二章　新・船中八策

龍馬が練った一五〇年前の『船中八策』とは　94
低成長とバラ撒きによる借金増の三〇年　98
三〇年前と現在とで企業の時価総額ランキングを比較すると　101
バブル絶頂期にはすでに狂っていた　105
成長を伴わない官製株高　110
アメリカと覇権を争うまでになった独裁国家・中国　112
これが『新・船中八策』だ！　120

第三章　ユナイテッド・ステーツ・オブ・ジャパン

「新しい国の形を作る」ために　150
国を変える「道州制」とは？　151
中央集権体制という軛《くびき》　155
船頭二人いれば船沈む　161
役人・政治家たちの悪しき行動原理　166
「メガシティ東京」は、今や日本最大のリスク　169
日本再生のカギは「多様性」　175
海外（スイス）の多様性に習う　184
「U・S・O・J」構想　191
《北海道州》　196
《東北州》　197
《関東州》　198
《中部州》　199
《関西州》　200
《四国・中国州》　202

《九州・沖縄州》 204
《東京州》 206
政府は「小さく」「敏《さと》く」「強《したた》か」に 214
①首相は国民選挙で選出 215
②新憲法の制定 216
③オンブズマン制度の導入 217
④税制大刷新 218
⑤新しい人材登用の仕組み 219
じっくり長期戦で挑む 222

第四章　新型コロナ対策・危機管理

危機管理能力の低さを露呈する日本 226
リスクをゼロにしようとする日本人 230
日本よ！　新型コロナの失敗に学べ 235
奇跡を期待するな！ 239

人類にとって究極の危機管理を迫られた瞬間 247
危機管理省の創設が必須 250
専門家を養成する 256

第五章　本物のイノベーション国家へ 目覚めよニッポン!!

デジタル革命に乗り遅れた日本 260
世界の株式時価総額ランキングに見る「日本企業の凋落」 269
デジタル革命のために規制改革の徹底を 271
人材の流動性が低いことも問題か 275
ゾンビ企業もイノベーションには有害 280
最大の危機は「危機感の欠如」。目覚めよニッポン!! 282
日本を本物のイノベーション国家にするために 288

第六章　財政・少子高齢化・税制

空前のバラ撒きはわが国に何をもたらしたか？　292
「新型コロナ危機」という悪夢　295
出口なきバラ撒き財政　299
世界各国に見る財政再建の成功例　303
財政破綻回避の方策　308
少子高齢化への対策　311
日本を再建するための税制改革　314

エピローグ

民意で日本を大改造しよう　324

第一章

石破茂
浅井隆
対談

「新型コロナ」は世界を「スペイン風邪」の二の舞へと陥れるのか

浅井 今日はよろしくお願いします。ところで早速ですが、コロナで世の中は大変なところが多いですね。

石破 大変ですよ。本当に大変。聞けば聞くほど大変です。

浅井 そうですねぇ。新聞とか、テレビで報道されてない部分がたくさんありますね。

石破 報道統制がかかっているのかと思うこともありますよね。

浅井 やはり、そうですか。

石破 戦前の日本みたいになったら嫌ですね。

浅井 それじゃあ、本当の「自由民主党」とは言えないですよね。

石破 自由を守るのは、けっこう大変ですからね。

浅井 釈迦に説法ですが、二一世紀に入って大きな変化と変動がきています。一つは中国の台頭、もう一つはアメリカが覇権大国から滑り落ちるかどうか。オバマ大統領の時、アメリカは世界の覇権国の地位を手放しました。もう、世界で何があっても知らないよ、という。しかし、最近になってトランプ大統領が中国に対して「覇権は絶対、手放さないよ」と言いだして揉《も》めているわけですけれど。

今の世界のトップたちを見ると、トランプ大統領、プーチン、習近平、金正恩というように、今までにない強権力を持つ、ある意味独裁的な恐るべき面々が出てきています。トルコとフィリピンもそうですね。

そういう中で日本は、財政、少子高齢化、経済、そして今はコロナも含め、様々な問題を抱えています。しかも、このまま行ったら日本を支える産業は壊滅的な状況になります。たとえば、飛行機を作る素材の炭素繊維などは日本が世界でも群を抜いている分野なのですが、今は飛行機がほとんど飛ばせないので少なない影響を受けています。そうした本当に特殊な、他には真似できないような、中国には作れないようなものを作っている製造業だったらなんとかなるかもしれませんが、他はどうでしょう。自動車産業を含めて、私はかなり危機的な状況になっているのではないかと思っています。トヨタはさておき、日産、三菱重工も昔の力はないですものね。イノベーションも含めて、日本は今がギリギリの状況だと思っています。

しかもコロナでどんどんお金をバラ撒いていますから、財政は今まではなんとかなってきましたけど、下手すると数年後には大変なことになるのではないでしょうか。

そこで、まずこの日本を将来どのような国にして行くのかというビジョンが必要だと思うのですが、単なる合言葉や夢ではなく、現実に根差した本物のビジョンを示してくれる真の政治家はどこかにいないものでしょうか。それを、石破さんのような方に提言していただきたいと思うのです。

その前に今、コロナ禍で「一〇〇年振り」とよく言われます。リーマン・ショックの時も「一〇〇年に一度」と言われていました。私も今は一〇〇年に一度くらいの大変革期だと考えているのですが、石破さんはこの一〇〇年をどのようにとらえていらっしゃいますか？

石破　「一〇〇年に一度」と口にされる方が最近多いのですが、一〇〇年前を知っている人は、まあほぼいないわけです。日本の最高齢の方が今一一七歳で、一〇〇歳を超える方は八万人もおられるそうですから、生まれていたという方は結構おられるかもしれませんけれど、多くの人にとっては想像もつかない。

　ですから、歴史の本で読むしかないのです。一〇〇年前がどのような世界だったかというと、一九一四～一八年までは第一次世界大戦でした。そして一九一八～二〇年まで、今と同じような疫病が世界を席巻しました。数え方にもよりますが、全世界で一億人が死んだと言われる、俗に言う「スペイン風邪」ですね。日本でも四〇万人は亡くなっています。第一次世界大戦においては、日本は連合国側として、地中海やインド洋に駆逐艦とか巡洋艦を出したわけです。それが横須賀に帰ってきて、そこからウイルスが爆発的に広がりました。また、当時日本領であった台湾で大相撲をやっていて、その巡業から力士が帰ってきて、そこからもウイルスが広がったそうです。

　その一九一八年から始まった感染症は、一旦一九一八年の暮れに収まるんですね。ところが、今の言葉で言えば「変異」を起こす。電子顕微鏡もない時代でしたから当時は理由はわからなかったでしょうが、ウイルスが変異を遂げたのです。そのため一九一九年に致死率が上がり、たくさんの人が亡くなったのです。おそらくそれで集団免疫ができたんだろうと言われていますが、結局日本でも四〇万人以上が亡くなり、一九二〇年にやっと収まりました。

年代順に見て行くと、第一次世界大戦は一九一四〜一八年まで、スペイン風邪は一九一八〜二〇年まで、そしてその後一九二九年ウォール街の株価大暴落、さらに世界大恐慌、その後に一九三九〜四五年まで第二次世界大戦と続きます。非常に大雑把に言うと、これが今から一〇〇年前+αの出来事だったわけです。

私たちはその一〇〇年後の今を生きていて、感染症で一億人も死んでたまるか、大戦争なんて起こってたまるか、大恐慌なんて起こってたまるか、ともちろん思ってはいるわけですが、一〇〇年前に起こったことの萌芽のようなものがまったくないとは言えない。ケインズの著作の『平和の経済的帰結』に、第一次世界大戦前のロンドンの場面が出てきて、そこには「ロンドンの資本家は、優雅に紅茶を飲みながら、電話一本で世界の富を支配した」というくだりがあります。当時の「電話の発明」は大変なことだったんでしょうね。リアルタイムに情報が伝わるという意味で革命的だった。電話というのは、本当に質的大革命だったと思います。

浅井　そうですね。

石破　それで、ケインズが描いたように、第一次世界大戦前の世界経済に占める貿易のウエイト、いわゆる経済のグローバル度というのはものすごいものだったんですね。それが第一次世界大戦、スペイン風邪、世界大恐慌、第二次世界大戦で徹底的に破壊されて、ようやく第一次世界大戦前の水準と同じグローバルな状況に経済が戻るのは、なんと一九七〇年代半ばのことなんだそうです。

浅井　え！　一九七〇年代ですか。

石破　だそうです。

浅井　戦後、だいぶ経ってからですよね。

石破　日本の万博が終わったあとの話ですね。

浅井　へぇ。
石破　本当にそういう研究があるらしいです。
浅井　すごいことですね。
石破　はい。コロナ禍にあって気付かされたことの一つに、日本は食糧にしてもエネルギーにしても外国に頼りきっている、ということが挙げられます。一時期、四月、五月頃でしたか、家やマンションは建ったけどキッチンがないとか、トイレに便器がないという話もありました。それで住宅を引き渡せないが、その負担は誰が持つのだなんていう議論がありましたけれど、いかに日本があらゆる面で外国からの輸入に頼っていたかが明確にわかった、ということがありました。
浅井　マスクなども、ほとんど中国製でしたね。
石破　そうですね。だから、内需中心の、国外に頼りすぎない地域分散型の経済を作って行くべきだと思っているのです。ただ、今はまだ一億二五〇〇万人くらいいる日本の人口が、今後急減する中にあってどうやって内需中心の地域分散型の経済を作っていくのか。それが大きな課題であることは論をまたないわけです。『格差と分断』というのは、なにもトランプ大統領が発明したことではなくて、資本主義は本来『格差と分断』を引き起こす構造を内包しているんだそうです。それはそうでしょうね。機会や運にも恵まれて富を築いた者は、次に富を築くと思われる者に投資する。それがうまくいけば、富める者はもっと富んでいく。一方で搾取される者は生活を改善する機会を失う。つまり、資本主義ができた時から、ほおっておけば世の中は自然と格差が広がり分断が進むのだと。だからこそ、修正資本主義とか福祉国家というものが出てきたわけですよね。

我々自由民主党も、戦後「そんな社会を作っちゃいかん」ということで、格差の是正に取り組んできた。とても頑張ったので、マルクスが昭和の時代に生きていたら、「理想の国家はここにあった」と日本に来て言うだろうと言われるくらいの話でした。

これまではそうやって、『格差と分断』が進まないように一生懸命やってきたと思っているのですが、今になって『格差と分断』を是認するかのような合衆国大統領があらわれるというのは、一体何なのだろうかという思いがありました。私は昭和三二年、つまり一九五七年生まれですから、ケネディとニクソンのテレビ討論というのを実際に見て覚えてはいません。まだ幼稚園生か何かでしたからね。私が小学校一年生の時、一九六三年にケネディが暗殺されました。日米初の衛星中継で、最初に飛び込んできたニュースがケネディ暗殺だったのですよね。それはよく覚えています。

浅井　そうでしたか。

石破　小学校一年生でしたけど、よく覚えています。私が小学校四年生の時に親から与えられて、ずっと読んでいた本に偕成社の『世界偉人伝全集　ケネディ』があります。ケネディが暗殺された三年後にその偉人伝全集が出版されたのです。他の偉人は織田信長とか、ワシントンとか、リンカーンとかだったと思うのですが、その最後の方にまだ亡くなってからたった三年のケネディの伝記が入っていたわけです。何を思ったか親がそれを私に買い与え、夜な夜な読んでいた覚えがあります。

浅井　石破さんにとって、ケネディは一つの憧れ？　規範？　模範？

石破　小さい頃の私にとってはやはり、一つの憧れであったと思います。もちろんその後、非常に女性関係が華やかであったとか、マリリン・モンローとどうやらこうやらとか言われていることも、決して理想的な英雄ではなかったということも知るわけですが、まあ大抵、英雄なんてみんなそんなものでございましょう。

浅井　そうですよね。

石破　もしかしたら、スキャンダルのない「蒸留酒みたいな英雄」は結局、英雄じゃないのかもしれませんね。ともかく、そのケネディの伝記の中によく英語の授業なんかに出てくる就任演説があったんですね。「我が合衆国市民諸君、合衆国が諸君に何をしてくれるかを問わないでくれ、諸君が合衆国のために何ができるかを問うてくれ」と。かっこいいですよね。私は小学校四年生のくせして感激し、暗記しました。「政治家ってかっこいいな」という子供の理想像として印象を持った覚えがあります。

浅井　あとは、やはりキューバ危機ですね。あれを乗り越えたのはすごい。一三日間でしたでしょうか。

石破　はい。『13デイズ』という映画もありましたね。

浅井　あれはやはり、一年半前の一九六一年四月の「ピッグス湾事件」を教訓にしてケネディは乗り切ったのですよね。

石破　あの時は、本当に米ソ核戦争寸前まで行った。

浅井　そうですよね。もし間違っていたら、本当に米ソは全面戦争をしていましたよね。

石破　かもしれませんよね。

浅井　そうしたら、私たちは今、ここにいないかもしれませんね。

石破　そうですね。で、そんなケネディ大統領が記憶にある者としては、この間の「トランプ対バイデン」のテレビ討論を見て、「何なんだろうねぇ、これは」と思わざるを得なかった。

浅井　そうですよね。残念ですねぇ。

石破　「残念」の一言が、一番当たっていたと思います。

浅井　はっきり言ってしまうと、やはりアメリカという偉大な国家が没落しつつあるのだろうなと。中国から見たら「えっへっへ」と思わず笑いが漏れるような（笑い）。世界を率いて行く指導者としてはあり得ない姿ですよね。

石破　これが、あの「アメリカ」なのかという思いですね。

浅井　以前はあのようなことはなかったですからね。

石破　これもある学者から教えていただいたことですけれど、「アヘン戦争」というのは結局、中国とイギリスの貿易戦争だったということなんですね。中国、つまり当時の清国は、イギリスに対して常に圧倒的な貿易黒字国であったと。

浅井　そうだったんですか。

石破　はい。お茶であり、シルクであり、陶磁器であり、中国からイギリスに対して輸出されるものの方が圧倒的に多かった。イギリスは、この状況をバランスさせるのにアヘンを使ったわけですね。それでアヘンが蔓延《まん》して、清国の国力が落ちて行ってアヘン戦争になるけれども、結局清国はイギリスに香港を取られてしまった。なので、取り返すのは当たり前のことである、というような話になるのですけれども。

それで、今回の米中貿易戦争も、この当時のイギリスがアメリカに代わっただけのことなのだ、という解説があるわけです。米中の対立はもっと構造的なものだとの指摘もあります。アメリカという国は、国民の七~八割が神の存在を信じ、今でも南部や西部を中心として四割が教会に行く宗教国家なのだと。そして建国の時にイギリスの支配に異を唱え、「われに自由を与えよ、しからずんば死を」と言った、「自由」というものを何より大事にするイデオロギー国家でもあるのだと。

カトリックであったケネディのような例外はありますが、基本アメリカはプロテスタントの国です。ところで資本主義というものは、宗教改革とセットだったということをご存じですか？　私は知らなかったのですけれども、ユダヤ人が『ベニスの商人』のような話において守銭奴みたいに揶揄されるのは、ユダヤ教の「働いてお金を稼ぐことは神の意志に叶う」という価値観は、本来キリスト教にはなかったものなのだそうですね。しかし、宗教改革によってプロテスタントが力を持つようになると、プロテスタントの価値観とユダヤ的な価値観は「労働を是とする」という点において相通ずる。だから、トランプ大統領とイスラエルの関係みたいな話にもなるのだと思うのです。

さて、この宗教改革から生まれたプロテスタントを中心とする宗教国家であり、かつイデオロギー国家でもある、それがアメリカの本質なのですね。

浅井　そうですか。

石破　日本人にはよくわからないところですけどね。

理想の国家像とは？

浅井　おそらく、日本の政治家の中で石破さんほど歴史をきちんと知っていて、歴史を語ることができる人はいないと私は思うのですが、その歴史に学ぶ、歴史を知って歴史に学ぶ中から今の日本を見ていて、石破さんにとって理想国家とはどういうものなのでしょう。一つは「内需中心の地方分散型社会」とすでにおっしゃいましたが。

石破　未来は過去の延長線上にはない、まったく違う未来がこれから先に展開する、とよく言われます。それは一面真実ではありますけれども、人間の本質が変わらない以上、過去に起こったことはこれから先も起こるかもしれないので、歴史に学ぶということはすごく大切なことだと私は思っています。少なくとも、海外の政官学の指導的立場にある方々と話す時に、歴史や宗教を知らないと話が噛み合わなくなることがあると私は思うわけです。

そして、日本はどうあるべきかということを考えた時に、この国の「独立性」とか国家の「持続可能性」というものを突き詰めて考えなければならない、ということに私はすごくこだわりを持っているのです。独立性と持続可能性を横文字にすれば、「インディペンデント」で「サスティナブル」ということになりますが、たとえばわが国は今もこれからもインディペンデントでサスティナブルだろうかと考えた時に、決してそう言い切ることはできない。その事実に対して、恐怖に近いものを感じますね。

浅井　たとえば、サスティナブルについては財政と食糧。
石破　そしてエネルギー、人口。
浅井　特に、人口ですよね。
石破　財政、食糧、財政と密接に関連する社会保障、人口、農林水産業など。この国でサスティナブルなものを、明確に挙げる方が難しいくらいだと思います。
浅井　そうですねぇ……。そうすると、ここに挙げたようなものを全部維持可能なものにして行かないと。
石破　私はそう思っています。
浅井　独立。対等な外交。独立というのは、良い意味で海外から侵略されないことで、そして海外と同じ立場に立って良い外交ができるということですよね。
石破　そうですね。
浅井　さらに、財政はこのままでは維持不可能なのではないかと。
石破　少なくとも楽観はできないですね。
浅井　しかも、コロナがきちゃいましたからね。そして、金利についてはこのまま永遠に低金利のままというのは、歴史を見たらあり得ません。ということは、金利が上がったら日本国債はどうなるのかという問題です。それ以前に民間の企業、個人もたくさん借金していますからね。

石破　まぁ、これは浅井さんを前にして私が言うようなことではないのですが、金利というのは要はお金の値段だから、お金に値段が付かないというのは市場原理があまり機能していないということになり、必要じゃないところにお金が滞留し、必要なところにお金が還流しない、そういう現象を普通は引き起こすのだと思います。それは、決して健全なことだと私は思いません。

加えて、普通は低金利というのはお金を借りている人が得するので、個人の住宅ローンが伸びたり、企業の設備投資が伸びたりするはずなのに、将来不安が拭えないから、そこも効いてこない。そう考えると、もっと構造的な問題、一方で起業したい若い人がスタートアップする少額のお金が用意できないと言い、他方で銀行は貸し先がないというような、いわゆるミスマッチを解消して行かなければどうにもならない。そして、誰かの犠牲の下に成り立っている社会というのは決して強い社会ではないし、決して永続する社会ではないと私は思います。

浅井　負荷がかかっていますものね。人間だったらどこかで病気になっちゃいますよ。ところで「小さな政府、大きな政府」と言い方がありますが、石破さんの考えていらっしゃる「理想国家」の中ではどちらなのでしょうか。

石破　今は、私は政府が小さい、大きいではなくて、その国の国民がいかに幸せを実感できるかということこそが大切なのではないかと思っています。大きい政府だけど国民は幸せじゃない、小さな政府だけど国民は幸せだ、そういうことがあり得るようになってきたからです。そこは、政府の大きさではわからないのです。たとえば、ネパールという国は、かつては国民が幸せな国だと言われていました。だけど、長く続いた王朝が倒されて民主主義を導入した結果として、「ネパールから中国に行くと、空気がきれいだね」と言われるような状況になってしまった。一方、ブータンは依然として王朝が続いているわけですが、そもそもGDPという指標を使いません。

浅井　そうなのですか。

石破　ブータンは「国民総幸福量」（ＧＮＨ）という指標を世界に提示したんですね。実際に行った人に聞いたところ、「なに、どうせやせ我慢してるんだろう」と思っていたけれど、本当に幸せそうだと。決して豊かではないけれど、街はすごくキレイで物資は行き渡っていて人々は幸せそうに暮らしていたと。

浅井　その理由は何なのでしょう？

石破　いろいろあると思います。でも、ブータン王朝からは王様とお妃様が定期的に皇居にこられていますが、やはり国全体が王室を大切にし、王室を敬愛し、王室も本当に慈悲深く国民のことを思っていて、人々の幸せは何であろうかということを常に考えている……そこに幸せがあるのではないでしょうか。私も一度はブータンに行ってみたいと思っています。

　というわけで、大きな政府でも小さな政府でも、インディペンデントでサスティナブルな国家運営を担保する政府があるべき姿だと思っています。

浅井　そうですね。だんだんと見えてきました。結局、最後は国民が幸せかどうかということですね。幸せになるためにさっきおっしゃった独立性と維持可能性、これがないといけない。今、幸せでもあとがダメというのではね。今、使い切って食べきってしまえば将来に禍根を残すことになります。そのあたりも日本の財政について言えば、将来についてまったく考えていないですよね。次の世代のことをまったく考えていない。はっきり言って、今の自分たちだけよければそれでいいという考えですよね。

石破　「最後は大インフレでも起こしてチャラにすればいい」というような恐ろしい考え方があるのではないかという思いが払しょくしきれません。しかし、ハイパーインフレは結局国民の経済を破壊し、奈落の底へ突き落とすような選択肢で、歴史上何度もあったことですが、日本国政府は決して採ってはいけない政策です。

話は変わりますが、私は先日、長岡に行ってきたのです。

浅井　新潟ですね。

石破　ある選挙の応援で講演を行なってきたのですけれど、長岡というのは山本五十六の生誕地です。そして、郷土の英雄は河井継之助です。河井継之助は司馬遼太郎の『峠』という小説で一躍有名になりましたが、彼は石高こそ一二〇石でしたが最後は上席家老まで出世します。江戸に遊学して、そこで一番影響を受けたのはスイスの外交官なのだそうです。

浅井　スイス⁉

石破　スイスですよ。なんと、スイスの外交官がいたのですね。

浅井　幕末に⁉

石破　そう、幕末に。まぁ、開国はしていましたからね。

浅井　そうですか。横浜でしょうね。

石破　横浜でしょうね。継之助は非常に知識欲のある人で、そこで武装中立というものを学ぶのです。私は農林水産大臣時代にスイスのロイタードさんという若い女性の副大統領兼経済大臣と二度会談したことがあります。

スイスには食糧安全保障に関する有名な話が二つあって、スイスのパンはどえらくまずいと。なぜならば、その年に取れた小麦では絶対にパンを焼かないからだと。その年に取れた小麦は、全部備蓄にまわすのだそうです。

もう一つは、スイス人はどんなに安くてもフランスの卵は買わない。スイスは国土の条件が悪いから、フランスより卵が高いわけです。でも、養鶏家は国境の地で鶏を飼っており、その養鶏家の暮らしを守ることがスイスの独立につながるのだと。したがって、スイス人は絶対にフランスの卵を食べないのだと。
私は、以前から聞いていたこの二つの話が本当なのかと彼女に聞いたところ、本当だというわけです。独立というのは、そういうものなのだと。それがスイス人なのです。
まあ、継之助が卵の話とかパンの話まで聞いていたかどうかは知りませんが、「武装中立とは何なのか」というのを河合継之助は学んで、官軍でもない、幕軍でもない、この越後長岡は武装中立で守るのだ、と思ったわけです。そして人々の幸せを守るために、ガトリング砲とか最新鋭の兵器を買ってきたわけです。

浅井　ガトリング砲、一種の機関銃ですよね、回転式の。

石破　そうです。そうやって官軍相手に徹底的に戦うわけですよ。最後は敗れるのですけどね。その河合継之助とそれから山本五十六。山本は結構、長岡で講演してるのです。

浅井　そうですか。

石破　海軍の偉い人になりましたから、当時、「郷土の英雄」ということで小学校とか中学校で講演したのですね。山本五十六の講演の記録が結構、残っているのです。その中で彼が言っているのは、内乱で国は滅びないが、戦争すれば必ず国は滅びると。陸軍と海軍は仲が悪いとか言われているが、その面は否定しない。しかし、だからといって三国同盟を結び、国内の内輪揉《も》めの解決を戦争に求めるというのは、下の下というか言語道断、許せないと彼は言うわけです。

それで、とにかく日米開戦の回避に全力を尽くしてもらいたいと言った。半年や一年なら十分暴れて見せるが、二年、三年となるとまったく自信が持てないということを、山本五十六は近衛文麿に昭和一六年（一九四一年）九月に言うわけです。

この時も、国家の独立とは何かとか、軍とは何かとか、そういうことを突き詰めて考えなかった結果があの戦争であり、あの敗戦だったはずです。私はサス

石破茂氏

ティナビリティとインディペンデントはセットだと思っていますし、これは大真面目に語らないと失われてしまいかねないものなのです。

生き残るためには何が必要か

浅井 結局、最後は良い意味でのリスク認識とか危機意識っていうものがないと、やはり生き残って行けないですよね、たとえば、サムスンという韓国の企業がありますけれど、あの創業者の李健熙《イ・ゴンヒ》会長がサムスンが絶好調の頃に自分の社員に対して言っていたのは、「女房と子供以外は全部変えろ」という言葉です。

石破 なるほど、すごいこと言うなぁ。

浅井 そのくらいの危機意識、数年後にうちの会社があると思うな、というようなね。それを絶好調の時に言うのですよ。

石破 だからサスティナブルになり得るんですよね。

浅井 そうです。そのためには組織は常に変化しなければならないということですよね。

石破　生き残るためには、変わらなければいけないという話です。

浅井　やはりその、進化論と連動するかどうかわかんないですが、やっぱりいつの時代も必ず変化しなければいけないということ、つまり良い方に変化して行く。その勇気が今日本には必要なのじゃないかと。

石破　一六世紀のフランスの思想家にボエシ（エティエンヌ・ド・ラ・ボエシ〈一五三〇年一一月一日〜一五六三年八月一八日〉フランスの裁判官、人文主義者）という人がいたそうで、その人に『自発的隷従論』という本があります。つまり、専制政治っていうのは権力者が作ったものではないと。国民が望んで自発的に隷従するという、そこから専制政治というのが起こるのだという内容を一六世紀に書いているのですって。なんと、これを一八歳の時に書いたんだそうです。

浅井　えぇぇ！

石破　天才ってすごいものだなと思います。おっしゃるように国民が勇気を持たなきゃダメなのだけれども、国民一人ひとりが勇気を振り絞って国を変えるという一つの激しい形が『革命』であるわけですね。そのフランス革命も血塗られた恐ろしい革命だったと思うし、これを見たイギリスの保守思想家たちはフランス革命の急進的なやり方を嫌悪しました。国民が勇気を奮うということは、本当に大変なことだと思います。だからこそ、宗教家でも思想家でも予言者でもなく、政治家こそが目覚めて語らなければなりません。

浅井　語るというと？

石破　国民に対して、現状を正直に語る、ということです。

浅井　政治家が？

石破　政治家が、です。

浅井　まだ顕在化していませんけれど、これから本当に財政の危機的な状況がやってきますしね。少子高齢化も本当にひどい状況がこれからくるわけですよ。うちの父親も認知症になってしまいましたけど、じゃあ誰が面倒を見るのというう問題です。あと一〇年したら、無理ですよね。

石破　それどころか、あと五年したら二〇二五年、団塊の世代の方々が後期高齢者となられる時代になります。

浅井　これは私の勝手な推測・予測ですが、その後二〇二六年とか二七年くらいに結構大変な出来事が起きるのではないかなと。

石破　このまま何もしなければ、多くの問題が顕在化するでしょうね。

日本列島を改造した田中角栄が生きていたら⁉

浅井　話題をガラッと変えまして、これを語っていただけるかどうかわからないですけれど、田中角栄さんが今生きていたら、このコロナ禍でどういう手を打つのでしょうか。

石破　それは、さすがにわかりません。時代が違いますからね。二〇一九年が角栄先生ご生誕一〇〇年だったのですが、中曽根大勲位も同い年でいらして、九九歳で亡くなられました。

浅井隆

角栄先生の最大の特徴は、人に対する理解力、だと思います。日中戦争に一兵卒として従軍された角栄先生は、生前「あの戦争に行ったヤツがこの世の中の中心にいるうちは、日本は安心だ」とおっしゃっていたそうです。ご自身がそうであり、中曽根先生も海軍主計将校で従軍されました。

浅井　戊辰戦争に行ったヤツが健在の時はなんとかなった、つまり日露戦争はそうだったけど、それがみんな死んじゃったあと、忘れた頃に太平洋戦争みたいなとんでもないことをやっちゃった。それと同じような話ですね。

石破　そうなんだと思います。

浅井　そうすると、その時に生きていなかったとしても、歴史を知っていて、歴史を認識している人が政治家になった方がいいですよね。

石破　そういうことではないかと。自戒も込めてですが。

浅井　ですよね。私は今、お話をお聞きしていて、以前から思っていたのですがやっぱり石破さんは今、政治家をされているけれど本質は戦略家ですね。

石破　そんなことはありません。戦術家かもしれませんが。

浅井　戦略家です。

石破　そうですか？

浅井　戦略家だと思います。

石破　ありがとうございます。かなり長いスパンでものを見ていらっしゃるし。「政治屋は、目の前の状況を考える。政治家は、政治家は、次の時代を考える」とよく言われたものでして、そういう面（戦略家という面）もあるのだろうと思いますし、そうありたいとは思っています。略家であったと思います。昭和二〇年（一九四五年）に一五歳で少年兵として従軍された方がおられるとすると、その方は今年九〇歳になられます。

浅井　九〇歳ですか。

石破　というわけで、世の中の中心にはもうほとんどおられなくなりました。渡邉恒雄さんくらいなものでしょうか。ですから世の中が、角栄先生のおっしゃった「安心ではない」状態になっている。角栄先生がその後に続けておっしゃったのが、「だから、よく勉強してもらわんと困る」という言葉です。つまり、「歴史を」勉強してもらわなくては困る、だったのでしょうね。

一極集中や地方の疲弊などの、現代の様々な問題に対する角栄先生の視点については、両極端な見方があります。「一極集中を是正するのが日本列島改造論のコアなのだ」という肯定的な評価をされる方もあり、堺屋太一さんみたいに極めて否定的な評価をされる方もあります。堺屋先生は私の尊敬する方の一人でありますが、一極集中を加速したのが列島改造論ではなかったかということを論じていらっしゃいます。角栄先生の業績について、後世に肯定的な評価と否定的な評価の両方があることは事実だと思います。

ただ、生前元気で活躍しておられた角栄先生の謦咳《けいがい》に接した最後の弟子を自認している私としては、角栄先生は人の気持ち、、、、、、を理解する点においては神だったと思っています。人ではなかった。神でしたね。

浅井　他人の気持ちを？

石破　そうです。これは、私たちのもう一つ上の世代の政治家の間ではよく語り継がれている話ですが、角栄先生は午前中は目白のお屋敷で、午後は平河町の事務所で仕事をしておられました。目白の邸宅の門が朝七時に開いて、バスは入るわ、黒塗りの車はいっぱい入ってくるわで、日本中から陳情客や角栄先生に一目会いたいという人などがやってくる。特に、新潟のご地元の方々を角栄先生はすごく大事にしておられました。

朝七時に門が開いて八時から来客の応対を始められるのですが、常に銀色のベルを手元に置いておられて、五分経つと「チーン」とベルを鳴らして「次!」、また五分経つと「チーン」とベル鳴らして「次!」と、どんどんさばいて行かれた。角栄先生のすごいのは、秘書官や秘書を同席させなかったことです。

浅井　えぇ!　そうなのですか。

石破　はい。一人できたお客様には、一対一で応対しておられました。団体の時には違いますが、相手が一人の時は秘書官や秘書は同席させませんでした。常に角栄先生お一人でした。日程表はびっしり詰まっていて、午後は場所を変えて平河町の事務所でたくさんの人と会っておられました。余談ですが、柏崎市の西山町という角栄先生の生家がある町に田中角栄記念館が建てられていて、かつての目白の応接間をそのまま再現してあります。

話を戻しますが、国会議員やら村会議員やらたくさんの訪問者が、それぞれ何の目的で来たのかを、角栄先生はおわかりになっていたのです。

浅井　本当ですか？

石破　それが神の神たるゆえんでして。訪問者が何を言いにきたのか、その人を見ただけでピタリと当たるんだそうです。私は直接聞いたことはありませんが、本当のことでしょう。

私の父親は角栄先生に心酔していて、無二の親友でした。建設省の事務次官から鳥取県知事になった頃、とある宴席で左派のある論客が、「石破知事は、人格も能力も素晴らしい。苦学して貧しい人のために働きたいと知事になり、そして東京都の知事になる話を蹴ってまで鳥取県の知事になった。見上げたものである。だが、一つだけ納得できないのは、なぜあの金権田中角栄をあんなに尊敬しているのかということだ」と言ったのをうちの父親が聞いて、「それはその人が田中角栄を知らんからだ」と言ったそうです。「あの人の親切は、本物なんだ」と言ったと書き残されています。こういうことから類推するしかありませんが、もし今、角栄先生が総理でおられたなら、コロナ禍においてもどこで誰が何に困っているかが角栄先生はわかったのではないかと思います。

たとえば、まず国民の状態を把握するためにＰＣＲ検査を徹底させること。いろいろな自粛要請にしても「要請」に留めているから強制力を伴わないので効果があまり上がらず中途半端に関係者を苦しめたとか、「ＧｏＴｏキャンペーン」でももう少しやりようがあったのではないかとか、そういうところにも配慮した対策をお考えになったのではないかと思うのです。

実は、二週間くらい前に日比谷の野外音楽堂に行ってきました。エレファントカシマシという一九八一年にデビューされて紅白歌合戦にも何度か出ているグループが、毎年やっている野外コンサートを、今年はコロナ対策を厳格に行なってやるというので私は「ライブ・エンタテインメント議員連盟」の会長としてその様子を拝見しに行ったのです。

一席ずつ空けて座り、みんながマスク着用で、ロックコンサートであるにも関わらず拍手以外は何もしない。「ワァー」とか「キャー」とか言ってはいけない。

もちろん消毒もするし、検温もする。それは徹底したものでした。このように徹底しているところ、クラスターが発生していないところは、普通の経済活動を行なって支障はないはずです。角栄先生も、地方の芸能、大衆芸能を大切にされていました。ご自身が吃音を浪曲で治されたということもあって、その良さを尊重されていました。

浅井　そうだったのですね。

石破　子供の頃から浪花節をずっと歌っていらして。それで吃音を治されて、あのような独特の演説をされるようになったのです。

浅井　庶民のものですね。

石破　庶民です。今でも地方の演劇とか、ありますよね。昔は旅芸人も今よりたくさんいて、地方の人々に娯楽を提供していました。一座にはいろいろな役割の人がいて、大道具もいれば小道具もいる、音響もいれば髪結いもいる。角栄先生なら、きっとこういう人たちが困っているだろう、と彼らのためにできることを考えたでしょう。どこで、誰が、何に困っているかというのが、角栄先生ならわかっただろうということは思います。

浅井 「庶民の側に立て」ということですね。その言葉に私も感動しました。おそらく、それですよね。だからおっしゃる通り、庶民から見たコロナ対策を考えたでしょうね。

石破 そう思います。

浅井 国民が不安を持たないようにですね。

石破 ただ、「角栄ブーム」が起こるようになったのは、角栄先生が「歴史」になったからだと思います。知っている人がほとんどいなくなったからでしょう。

浅井 以前、石破さんがおっしゃっていた角栄先生のマスコミに対する対応ですが、ロッキード事件の時にマスコミがギャーギャー騒いで角栄先生を追いかけている時に、側近たちが「マスコミの連中は許せん!!」というと、角栄先生は逆に「あいつら（マスコミの人間）もそれで食ってるんだから」と言ったというお話を伺って、なんと度量の大きな方だろうと思いました。

石破 私はその場面にはいなかったのですが、昭和五八年（一九八三年）一二月のいわゆる「ロッキード選挙」の時に立候補予定の田中派の現職新人を集めて、角栄先生はこう訓示されたのです。「お前たち、私の悪口を言って当選してこい。『俺は田中派だが、田中は許せない』と言っていいんだぞ」と。「お前たちは、何より議席を取ることが大事なんだから」と。すごいなぁと思いましたね。結局、そんなことは田中派の議員は誰も言いませんでした。みんな感動し、力を得て、田中派は自民党の立候補者がバタバタ落ちる中、ほとんど落ちなかったんです。

浅井　そうですか。

石破　私は選対本部の事務員をやっていたからよく覚えています。度量ですよね。私の結婚式も角栄先生には最初、仲人をお願いしました。すると、「俺はお前の（亡くなった）親父さんの代わりとして、お前のおふくろさんの横に立ってやりてぇんだよ」と言って、本当に親代わりとして立って下さったのです。家内は丸紅の出身で、ご存じのようにロッキード事件は丸紅が関係していましたから、丸紅の社長と副社長は怖がってこなくて、しょうがないからお前が行けというう感じで専務がきてくださった。皆、怖くてしょうがなかったのです。参加の辞退が一週間くらい前までありましたから。

浅井　（笑い）

石破　角栄先生が親代わりでスピーチして下さった内容は、「なんと、石破君が嫁を貰うと言うじゃないですか。それがみなさん、聞いて下さいよ。丸紅の出身って言うじゃないですか」。もう、会場全体が凍り付いたわけです。

浅井　（笑い）

石破　で、角栄先生が次に何と言ったか。「丸紅はいい会社だ。私のことがなければ、もっといい会社だ」で、一同大爆笑と。

浅井　へぇ。

石破　これが、「田中角栄」ですよ。

浅井　今はいないですね。なかなかここまで度量の大きな人は。ぜひ、石破さんがその跡を継ぐ人物になって下さいよ。

石破　残念ながら、私とは人間的な大きさが違うのです。

日本の財政を少しでも良くするために

浅井　では、一番難しい日本国の財政、ここまできてしまった財政を、角栄先生だったらどうしたと思いますか。

石破　それは、わかりませんね。赤字国債が増えだしたのは、角栄先生の次の次の福田内閣からでしたから。

浅井　そうでしたね。何かで聞いたのですけれど、角栄先生が蔵相の時でしたでしょうか。あの山一證券が最初に倒産しかけた時、戦後初の日銀特融を行ないましたが、その時、角栄先生が大蔵省（当時）などのトップを呼んで「お前ら、わかっているんだろうな。こんなこと、二度とできないんだぞ」と言ったという話は本当なのですか。

石破　本当だと思います。

浅井　それくらいお金にシビアだったのですね。借金の怖さというものをわかっていた。

石破　そうだと思います。かつての戦争が起こった時も、やっぱり財政規律が緩《ゆる》んでいました。一つの予算品目（使い道）が国家財政の三割を超えると危ないのだそうです。今、社会保障費は優に三割を超えています。かつて、高橋是清も緊縮財政を敷《し》いた時、「軍事費の膨張に歯止めをかけるしかない」と言っていたそうです。現実認識がきちんとできる人は、軍拡に対して財政がコントロールを失うことの怖さを知っていたのではないでしょうか。

浅井　もし、角栄先生がここにいらしたら、今の日本の借金を見てびっくりするのではないでしょうか。

石破　何て叱られるか、私にはよくわかりませんね。

浅井　お前ら、何しとるんじゃ！　って怒るのではないですか。

石破　絶対に褒めてはくれません。想像するのも怖いですね。

浅井　「歴史をまた繰り返すのか！」みたいな感じでしょうか。「戦前と同じようなことをしようとしているのか！」とおっしゃるのではないでしょうか。

石破　佐藤派というのは田中派と福田派に分かれて行くわけです。その源流には岸派があるのですが、竹下総理の時に初めて消費税が導入されました。田中―竹下というラインでは田中先生も以前に大蔵大臣を務められており、そして竹下先生もかつては大蔵大臣でいらっしゃったのでその財政論はつながっているものがあったのかもしれないなと、あくまで後知恵みたいな話ですが。

浅井　国家でも個人でも、財政がすべての根本です。というのも、財政が破綻したらたとえば防衛費は相当削られ、必然的に自衛官に対する給料も削られる。その上、ハイパーインフレにでもなったら円は価値が下がって最悪紙キレ状態になってしまうかもしれない。そうなったらもう、自衛官に国を守ってもらうことはできないですよね。

石破　抑止力まで低下してしまいます。

浅井　ですから、そういうことを考えると、国民も本気で財政問題について考えなければいけません。すべての根本ですから。

石破　私も、いきなり「ハイパーインフレが起こる！」というような話をするつもりはありません。第一次世界大戦後のドイツや、太平洋戦争後の日本みたいに、供給力が消滅したわけではなく、コロナ禍にあっては経済活動の自粛ということで、逆にあるべき消費行動がなくなっている状態ですから。ただ、今の財政運営はサスティナブルではない、ということは言いたい。悪性インフレを招かないようにするにはどうするか。今、この対談の前に介護福祉専門雑誌のインタビューがあったのですが、そこで社会保障のあり方とか、介護、医療、年金のサスティナビリティとか、私にしては珍しい議論を二時間ほどしていました。そこで知ったのですが、高齢者の数も高齢者が人口に占める比率も、ピークになるのが二〇四〇年なんだそうですね。私は生きてないと思いますが。

浅井　（笑い）

石破　その時、このまま行くと介護支出が今の二・四倍、医療支出が一・七倍、年金はマクロ経済スライドを追いかけているので一・三倍ですむそうですが、それくらいかかる。高齢化はピークに達し、人口は一五〇〇万～二〇〇〇万減っている中で、その二・四倍の介護支出あるいは一・七倍の医療支出に耐えられるのか。誰がどう考えたって無理だ、と。

まだこの国を富ませる方策はある

石破　話は変わりますが、農業・漁業・林業というのは、何のために機械化をして何のために労働時間を減らしたかというと、「その浮いた時間で公共事業で働いてよね、自動車メーカーとか電機メーカーで働いてよね」ということでした。決して、浮いた時間で農作物の品質向上とか収量拡大とか、そういうことに注力してね、という話ではなかったわけです。それは、基本、漁業も林業も同じです。だからこそ、農業・漁業・林業においてはまだ生産性を向上させる、具体的に言えば少量多品種で付加価値を高くする余地が相当にあるはずなのです。

また、たとえば、ドイツの中小企業と日本の中小企業の違いというのは、海外に販路を持っているか否かです。そこにも開拓の余地は相当ありますよね。さらにシニア層の雇用についても、たとえば今日いただいたメールの中に、「何で日本は六〇代がこんなに虐げられる国なのでしょうか⁉」というものがありました。確かに主要各国をみると、六〇歳を超えると急に賃金が下がるのは日本だけなのだそうです。何でこのようなことになるのか。六〇代とか七〇代前半といえば、まだバリバリ元気な人が多いですよね。この人手不足が言われる時代、このシニア層にはもっと活躍していただかなければなりません。その上、日本は韓国に次いで男女の賃金格差の大きな国で、女性の雇用にも伸びしろはあるはずだと思います。

このような、伸びる部分を精一杯伸ばし、六〇代も働いて年金をもらう側から年金保険料を払う側にまわる。毎日働いていると健康にもなる。思い切って価値観を変えないと、この国はもちませんよ、というところまできているのではないかと思います。財政規律を守るというのは、消費税をガンガン上げて支出をおさえることだけじゃないはずです。皆が幸せに思える財政規律を実現するべきだと思うのです。

浅井　そうですね、民間経済がどんどん成長していれば、税金も増えるし財政ももつわけですよね。このあたりも、角栄先生でしたらどんな成長戦略を今、お考えになるのでしょう。

石破　角栄先生がやっていらしたら、そもそも今の日本みたいなことにはなっていないのでしょうけれど、やはり貧しい人を豊かにしないと国は豊かにならないとおっしゃるのではないでしょうか。つまり、年収二〇〇〇万円の人が三〇〇万円になっても、おそらく増えた一〇〇〇万円は使わないですよね。だけど、年収二〇〇万円の人が二五〇万円になったら、増えた五〇万円は使いますよね。可処分所得が低い場合、消費性向は高いわけですから。だから、貧しい人を豊かにすることが国を富ませることになるという発想です。

さらに、角栄先生は総理大臣時代に日中国交回復を実現し、北方領土の解決にも正面から取り組まれました。それでアメリカの虎の尾を踏んだ、というまことしやかな説については本当かどうかわからないけれども、領土であれ資源であれそれまでとは違う外交、つまりアメリカ頼みではない国を作ろうとしたのです。

ですから、角栄先生だったならば、現代においてもいかにアメリカ一辺倒から脱却するか、という政策を考えられたのではないでしょうか。

浅井 それは石破さんも同感ですか。

石破 同感です。

浅井 そうですか。素晴らしいですね。

今、そこに必要な「新型コロナ対策」

浅井 では、いよいよ現実論に入って行きたいと思いますが、石破さんならではの「コロナ対策」はどうされますか?

石破 それは、地方任せにすることじゃないですか。

浅井 ほおお。県ごとということですか?

石破 いや、市町村だと思います。

浅井 市町村ですか。その場合、財源も国から市町村に与える?

石破　もちろん移譲します。

浅井　身近な自分たちの市町村に合ったやり方で、ということですね。

石破　だって、霞が関で考えて四七都道府県一七一八市町村に「これが全国すべてに当てはまるベストアンサーだ」みたいな対策ができるわけがないですよね。ですから、私は最初から言っているのですがあまり聞いてもらえないのは、「緊急事態宣言って何だったのですか？」ということです。あれは、感染拡大と医療崩壊を防ぐことだけが目的でしたよね。

浅井　確かにそうでした。

石破　要するに、医療機関に患者が殺到して医師や看護師や医療関係者が疲弊して、そこでコロナが蔓延《まん》してクラスターが起こって医療者が倒れ、医療が立ち行かなくなる……医療崩壊というのはそういうことで、そこに他の病気の人が来たとしても当然、診てもらえなくなる。しかし、その状況は地域によって全然違うわけです。岩手県と青森県の県境の村と歌舞伎町とでは違うわけです。六本木と鳥取県と岡山県の県境の村も違います。人口も環境も病院の数もまったく事情が違うのに、医療崩壊を防ぐ手立てというのが一律で、会合は自粛してね、外出も自粛してね、イベントもやめてね、という話でした。あるいは、建物や土地を医療用に提供してね、マスクが足りない、ガウンが足りない場合には都道府県知事が統制するからね、という、そういう話しかできていないのです。国として戒厳令を敷《し》くわけでもなければ、街に警察官が立つわけでも自衛官が立つわけでもありません。対策は、本当は事情に合わせてきめ細かければきめ細かいほど良いに決まっています。

安倍前総理が「学校一斉休校」について発表された時に、「うちはそれには従いません」と言った自治体がいくつかありました。そうあって当然なのです。うちの地方はまだ大丈夫だからと。それより優先すべきことがあるからと。現状を一番近くで見ている、体感している自治体自身の判断で責任を持って決める。地方自治体の首長は、大統領制と同じで直接民主主義なのでその判断を間違ったら選挙で落ちるわけです。リコールがかかるわけです。中央政治とはまったく違った緊張感があるのです。ある意味、「国任せ」の反対語で「地方任せ」がコロナ対策の要諦だと思います。

浅井　地域に合った実情を知っている人が、きめ細かくやるべきということですね。

石破　そして責任が取れる人。

浅井　そうですね。

財源としての消費税をどう考える

浅井　その場合、財政問題はどうなりますか。特に財源の話が。

石破　それは、国から措置することになりますね。

浅井　消費税は一つの手ですか？

石破　竹下内閣の時、消費税の導入が言われた時も、世論は大反対だったわけです。この消費税導入の是非を問う平成二年（一九九〇年）の総選挙では、消費税絶対賛成を叫んだのは自民党の中選挙区の候補者の中で私だけでした。もちろん、社会党は死んでも反対、でしたし。

浅井　マスコミもみんな反対ばかりでしたね。

石破　そうでした。

浅井　なぜでしょうかね。

石破　それは反対の方が受けるからでしょう。

浅井　まぁ、そういうことですね。

石破　ただし、平成元年（一九八九年）とか二年とかの頃は、今ほど経済が悪くなかったのです。バブル崩壊直後でしたかね。

浅井　平成二年（一九九〇年）がバブル崩壊です。平成元年が一九八九年ですから。

石破　まだバブルの余熱が残っていたんですね。経済はまだ良かった。だから消費税三％でも日本はビクともしなかったのです。けれど、今は当時とはまったく違います。消費税のメリットは、景気に左右されない税収が担保されることではありますが。

浅井　確かにそうですね。法人税なんて、コロナで企業業績が悪化すれば相当減りますからね。

石破　安定した税収が得られるという消費税のメリットはありますが、消費税が最も役割を果たしたのは三％、五％の頃、経済にまだ伸びしろがあった頃です。人口も増えていましたし、格差も現在のようには広がっていませんでした。今とは違う状況だったのです。ですから、消費税が持つ安定性というものは活かしながらも、他の財源を探すということも放棄してはいけないと思います。

それでも、消費税を二十何％まで上げるという立場には立ちません。消費税の持つ基本的な役割は今後も失われるべきではありませんが、他の財源並びに付加価値の上げ方、生産性の上げ方を最大限考えて行かなければなりません。

平成・令和の成長戦略

浅井　それは、成長戦略と一体ということですね。

石破　はい。

浅井　では、成長戦略自体はどう実現しますか？

石破　今までわが国は東京一極集中で、サスティナブルではありませんが即効性のある経済成長を目指してきたわけです。一八六八年の明治維新以来、一八九四年が日清戦争ですから三〇年で清に勝ちました。さらに、一九〇四年が日露戦争ですから四〇年でロシアに負けないですみました。

浅井　日露戦争というのはみんな勝ったと思っていますが、実際にはギリギリ引き分けかプラスちょっとという感じですよね。

石破　つまり、明治維新から四〇年で負けないですんだ、と。で、七〇年経ったらアメリカ相手に大戦争起こして、四年間も戦うわけですよ。

浅井　ある意味、大したものですね。

石破　奇跡ですよ、こんなの。で、徹底的に負けたのが昭和二〇年（一九四五年）でその後、昭和四三年（一九六八年）に日本はＧＮＰ世界第二位になるわけですよね。敗戦後、たった二三年でです。これも、普通はあり得ないですよ。これは、東京一極集中と官僚統制の経済、官僚支配の政治体制だからこそできたのではないでしょうか。

浅井　そこまではよかったのですよね。それ以降が問題ですね。

石破　だからよく、「平成は何が終わったのか」と言われるのです。昭和の時代は、その遺産で食べていられたわけです。私が議員になったのが昭和六一年（一九八六年）で、昭和六四年（一九八九年）が大喪の礼で昭和が終わるわけですが、角栄先生がおっしゃった「戦争に行ったやつがいなくなった」のが平成。だから、『格差と分断』という資本主義の悪しき本性があらわれてきたのが平成という時代だったと私は思っています。

浅井　つまり、民主主義と資本主義の両方の良いところもあるけれど、悪いところも出てしまったということですね。

石破　そうです。その資本主義の悪い形が登場しつつあると思うのです。そこでもう一度、原点に立ち返ろうよと。カンパニーというのは、会社じゃなくて福沢諭吉先生の訳によれば「社中」なんですよね。

浅井　亀山社中の「社中」ですね。

石破　どこかで「株式会社」と訳してしまったのですけど、会社は株主だけのものではない。経営者だけのものではない。従業員であり、家族であり、地域のものなのだ、という会社の持つ公益性をいかにして発揮させるか。そして、東京一極集中というサスティナブルではない仕組みが破綻しつつあるのが現在ですから、そうすると今まで「頑張らなくていいよ」と言われていた農業であり、漁業であり、林業であり、サービス業であり、そしてドイツと違って国際的競争力があまり付いていない中小企業であり、そういう部分に伸びしろがあるのだろうということです。

浅井　そうでしょうね。元々、優秀な民族ですもんね。

石破　そうですね。

浅井　ただ、ちょっと今、閉塞感と言うか、行き詰まり感と言うか、どうしたらよいのか皆わからない、というような風潮がある。

石破　そうですよね。だから人の悪口を言って喜んだりしているわけですよね。

浅井　ちゃんとした政治家が、ちゃんとした大きなビジョンを示せば、結構日本は活性化するのではないかと思うのです。最初は誰もが〝きつい〟と思っても、一〇年頑張れば次にもっと良い時代がくる、というようなしっかりしたビジョンを示す。幻想ではなくてね。

石破　そうですね。だから私たち政治家は、夢を語れとかビジョンを述べよとか言われるところでありまして。「石破の言うことは正しいのだけど、暗いんだよね」と言われるのは反省点なのでありますが、「夢」は示すべきだけど「幻想」を振り撒くべきではないと思うのです。

若い人たちに歴史を教えて奮い立たせる

浅井　先ほどからの話で、成長戦略の中でいつの時代もそうですけれど、新しいことをやるというのは〝若さ〟が必要なのですよね。

石破　なるほど。

浅井　今の若い人にどのように、良い意味で〝活躍〟してもらうか。最近、年寄り中心の話ばかりで、どのようにして今後の日本再生の中心に若い人を据えて行くか。教育も絡んでくると思いますが、そのあたりはどうお考えですか。

石破　ある人に言わせると、今の若い人たちを「三Y世代」と言うそうです。「夢ない、欲ない、やる気ない」という。今の若い世代の方って、バブルの時代も知らないわけです。物心付いた時から低成長、日本は没落、もうダメだーというような話ばかり聞いていれば、そりゃあやる気が出る方がおかしいと思います。で、これはどうすればよいのだろうかと考えますと、やっぱり奮い立たせるものが必要です。その一つは、「歴史」をきちんと教育することだと思っています。

日本人がなぜ、江戸時代に泰平の二六五年の世を送ることができたのか？　徳川政権が江戸一極集中を巧みに回避したからではないか。馬車は作ってはいけない、大型帆船は作ってはいけない、大井川に橋を架けてはいけない。これは、文明の発展が江戸幕府を滅ぼすと考えた家康のやり方。しかし、そのおかげで地方には独自の教育や文化が育《はぐく》まれ、独自の経済が発展した。地方が強くなりすぎないように地方の諸大名には参勤交代などを課した。このようなバランス政策を徳川政権が取ったから、天下泰平の二六五年を築くことができた。

戦国時代から江戸時代までの歴史をきちんと学び、なぜわが国は開国後三〇、四〇年で清に勝ち、ロシアに負けず、さらにその後四〇年でアメリカと戦争するところまで行くことができたのか、また、どこで間違えたのか、というような歴史をきちんと学ばなければいけない。これからどう生きようかという知恵は、歴史から学ぶしかない。縄文式土器とか弥生式土器とかに、時間を割きすぎているように思います。

先ほど述べました通り、長岡に行けば河合継之助や山本五十六の話があるように、どこの市にも、どこの町にも、どこの村にも必ず郷土の英雄と言われる人がいるはずなのですが、学校で学ぶ歴史にはほとんど出てこないのです。試験に出ないから若い人は知らない。自分たちの身近にそういう先駆者たちがいたんだよということを学ぶことは、大変意味があることだと思っています。

山本五十六の名言はたくさん残っていて、有名な「半年や一年は存分に暴れて見せますが」とか「陸軍と海軍の対立を戦争によって解決しようというのは本末転倒も甚だしい」とか「男は世の中を変え、その男を変えるのは女である」とかですね。さらには「博打をやらないような男はろくなもんじゃねぇ」なんていうものまで、いろいろあるわけです。

浅井　山本五十六はそんなことまで言っているのですね。

石破　ええ。彼は呉、佐世保、横須賀……行く先々に愛人がいたようですしね。

浅井　英雄ですね。

石破　英雄ですよ。私の鳥取だって岡田資《おかだたすく》（一八九〇年四月一四日～一九四九年九月一七日　日本の陸軍軍人。最終階級は陸軍中将）という陸軍中将がいたのですが、もう一〇年くらい前に『明日への遺言』（大岡昇平の長編小説『ながい旅』を原作に二〇〇七年に製作された日本映画）という藤田まこと主演の映画になりましてね。映画はあまりヒットしなかったようですけど。この岡田資という陸軍中将は昭和二〇年（一九四五年）頃名古屋の防空司令官をやっていて、B－29を撃ち落としたのですよ。

浅井　確かに、高射砲で打てば墜ちますね。

石破　高射砲で。それでも普通は距離が届かないから、B－29が高度を落としてきたところを狙ったのでしょうね。で、撃墜したそうです。そして、その乗組員を全員、斬首したのですよ。

浅井　うおー。なんと。

石破　即日、全員斬首した。もちろん陸軍の中の手続きは取るのですが、戦後、捕虜虐待の罪で戦犯として裁判にかかります。その時彼は、あのB－29のやった行為そのものがハーグ陸戦法規違反であると。無抵抗で武器を持たない一般市民への無差別爆撃など、ハーグ陸戦法規で認められていないと言ったのです。よって、彼らは捕虜ではないと。彼はたった一人で、裁判でずっと正当性を主張し続けるわけです。法戦、法律の戦いをやり続けた。その様子があまりに立派なので、絞首刑ではなくてせめて銃殺刑にするべきではないかとか、いろいろなことを言われたらしい。彼の最後には、そこに収容されていた戦犯たちが皆口々に「お世話になりました」などと挨拶にきたそうです。岡田資は、「あんたたちは私に付いてきちゃいかんよ」と、それを最後に言い残して死んで行くわけですね。たしかに米軍の無差別爆撃などは、間違いなくハーグ陸戦法規違反でしょう。負ければ賊軍ですから全然認められませんでしたけどね。しかし、たとえば岡田資という立派な中将がいましたよ、敗戦で戦犯となっても正義を貫くために戦い続けて死んで行きましたよと。そして、そこから国際法とは何なのだろうかと学ぶきっかけになることもあると思います。

このように、それぞれの地域にはそれぞれの英雄がいるはずだと思うのです。国のために、地域のために、こんなに立派な人がいたのですよと。私はよく知事たちに言うのですが、県立高校の入試にその県の歴史の問題を一問でいいから出してくれませんか、と。それが歴史教育であると思うのです。

そして、そこから少しずつ視野を広げて、国土は狭い、資源はない、そんな日本がなぜ世界有数の経済大国となることができたのか。さらになぜ、現在のような問題を抱える国になったのかということを学んで行かないと、次の時代に対する意欲はわかないのではないかと思うのです。

浅井　根本のところですね。そこを知らないと。ただ面白そうな、儲かりそうなＩＴに乗れ、と言うだけじゃダメなのですよね。長続きしないです。

石破　国力がだんだん落ちてくると、貧すればば鈍するでやたらと外国の悪口を言いたがるようになる。「中国はイヤだ、嫌いだ」「台湾は素晴らしいが、朝鮮はとんでもない」とかね。そんな話に拍手喝采するのは、かなり異様なことだと思っています。歴史は見方によって一八〇度違いますから。

中国からすれば、台湾はかつて中華文明のおよばざる未開の島であり、アヘンの巣窟、マラリアが蔓延《まん》するどうしようもないところだった。だから日本にくれてやれ、というのが台湾割譲だった。逆に朝鮮は、李氏朝鮮という王朝が六〇〇年も続いていて歴史もある独立国家だった。その朝鮮を日本は併合した。道路を整備し鉄道も敷き、医療水準を向上させ、農業技術を飛躍的に向上させ、素晴らしいことをたくさんやって理想的な植民地支配を行なった半面、朝鮮の王宮で皇后を殺害するなどの暴挙も犯し王朝を絶やした。もし、この日本で外国勢力がやってきて同じことをしたら日本人はどう思うか。これをいうとね、右寄りの人からは「やっぱりお前は朝鮮人の味方か！」などと言われますよ。だけど、真実じゃないですか。

浅井　被害者の立場に立てば、見えてくるということですね。

石破　そうです。朝鮮民族にしてみれば、中華文明の正当な伝承者は自分たちだと思っています。日本なんていうのは辺境の島国で、中華文明の正当な伝承者ではない。徴用工にしても慰安婦問題にしても、日本の言っていることは正しいのですよ。竹島は日本の領土に決まっています。だけど、なぜ朝鮮の人たちがそんなことを言うのかを考え、根底にどんな思いがあるのかということを理解して彼らと話し合うのと、まったく知らないで「お前らは劣っているのだ、私たちが正しい」と言わんばかりの態度を取るのとでは、日本の長期的国益においてまったく違います。だから、歴史を知らなければいけない。その教育もしないで、国力が落ちてくると外国の悪口を言うというのは、決して健全な精神状態だとは私は思わないのです。

浅井　長期的には国家のためにはならないですね。

石破　なりません。短期的には受けますけどね。ちなみに、西欧列強はもっとずるくて、アメリカはフィリピンを植民地として徹底的に搾取したけれど、絶対に併合はしなかった。イギリスはインドを徹底的に搾取したけれど、絶対に併合はしなかった。それは、併合するとリスクが大きいことをよく知っていたからです。日本は、良かれと思って併合までしていろいろして上げてしまってこの有様です。

浅井　西欧列強は、植民地の扱い方を誤ることの恐ろしさを知っていたのですね。

石破　そういうことなんですね。だからきちんとした歴史教育を行なった上で、若い人たちが本当に次の時代のために、わが日本民族がサスティナブルでインディペンデントであるために、一人ひとりが頑張ろうということになるのです。そこがうまく伝わっていないから、若い人たちは夢ない、欲ない、やる気ない、頑張ったってどうせどうにもならないじゃない、となる。今の若い人たちに将来何になりたいって聞くと、「正社員」っていう人が多いらしいですよ。

浅井　（笑い）。そうか、すぐに解雇されない正社員こそがわが人生の目標であります、ということですね。

石破　昔はプロ野球選手とか、それなりに夢があって。それが今や正社員ですからね。

浅井　安定と堅実。それは老人の言うことであって、若い人が言うことじゃない。今から一五〇年前の幕末の志士たちなどはですね、何の得にもならないのに、いつ新選組に斬られるかもわからないのに、京都で国のために命がけで奔走したわけです。坂本龍馬なんて、いつ斬りかかられるかわからないその中で、平気で歩きまわったのですから。とんでもない日本人がいたものですよね。

石破　革命家ですよ。彼らは皆ね。

浅井　私が今思うのは、彼らが命がけでなし遂げた革命（明治維新）の果実を、私たち日本人はこの一五〇年でほとんど食い尽くしちゃったなということです。

石破　残念ながらそうですね。

浅井　かつて戊辰戦争、明治維新を経てきた人たちは、日露戦争の時も戦争の本質とか日本がまだそれほどの国ではないということがすごくよくわかっていて、せいぜい負けないようにと努力した。財政のことも、すごく心配しましたよね。

財政破綻したらおしまいだと。だから、そうした歴史から得られる教訓を若い人たちに学んでもらいながら、次の日本をどうやって作って行くかを考えて行かなければいけない。

石破　そうです。若い世代に大人たちが正面から向き合うことが必要なのだと思います。先ほどの「正社員になりたい」という背後には、非正規社員にはなりたくないという思いがあるわけでして。ある調査によると、フリンジベネフィット（企業などがその役員や従業員などの給与所得者に対し、賃金・給与以外に提供する経済的利益）まで入れれば、正社員は非正規社員の年収で一・八倍だそうです。そこで、「うちの会社はみんな正社員だよ」と言って事業をどんどん拡大している会社もあるわけです。都城にある「ハンズマン」という量販店です。

浅井　宮崎県ですね。

石破　そう、宮崎県都城市です。全員正社員ですよ。面白い店で、その店では手袋の片方だけでも売ってくれるのです。

浅井　へぇ。

石破　手袋って、両手セットで売るじゃないですか。でも、一方がやぶれちゃったりなくしたりしてお客様が「片方だけ欲しい」と言ったら片方だけちゃんと売ってくれるそうです。「うちの店にないものなんてありません。品揃えはすごいんです！」と言って。スペース当たりの従業員の数もすごいそうです。そして、どんなニーズにも必ず応えますというお店です。

浅井　どんなニーズにも応える、それはすごいなぁ。

石破　その手の会社って、実は結構あるのですよね。それで売り上げをどんどん伸ばすわけです。

浅井　そういうのが地方からどんどん出てくるといいですね。

石破　店名を忘れてしまいましたが、東京にもお客様のニーズには必ず応えますという店があります。要するに、従業員とか経営者のためではなく、何がお客様の満足かということを追求する会社は必ず伸びるそうです。ともすれば、税金分まけてとか、円（為替）は安くとか、金利は低くとか、（従業員の）給料は安く、などというコストカット型の問題解決に日本は今どこもかしこもなっているのですが、それはサスティナブルではないから日本企業の国際競争力はどんどん落ちて行くわけです。

アベノミクスで企業は最高収益であり、正規雇用は増えており、有効求人倍率は北海道から沖縄まで全国で一倍を超えた、素晴らしいと。確かに、それは素晴らしいことです。けれど他方、構造的な問題はそのまま残っている。生産性の向上とか、雇用の流動性の確保とか、地方への移住とか、そういったことを実現するための環境整備は、これ以上先送りしてはいけないと思っています。

動乱の世界の中で日本を守るために

浅井　では、ここでガラッと話を変えて、安全保障のことに触れさせていただきます。中国が膨張しています。南シナ海の問題もあります。石破さんの基本的な考えをお聞きしたいのですが、今後、日本を守って独立させて行くにはどうしたらよいのでしょう。

石破　アメリカは、冒頭に申し上げたように宗教国家でイデオロギー国家で、〝アメリカ人〟という民族はいないのだけども〝アメリカ市民〟という意識は非常に強烈なわけです。そういう意味で、民族国家でもあります。イデオロギー国家、宗教国家、民族国家という、かなり特殊な国民性、国家の特性を持つのがアメリカだと思います。

他方で、私は中国をイデオロギー国家だとはまったく思っていません。中国共産党の人からマルクス、レーニンの話を聞いたこともあまりありません。

浅井　へぇ。

石破　日本人に言ってもしょうがないと思っているのかもしれませんけれど。ともかく、中国はイデオロギー国家ではないし、宗教国家でもない。けれど今、中国共産党や習近平主席が〝中華民族の夢〟ということを言い始めたのは、中国を強大な民族主義国家にしようとしているのだと思います。そうでないと政治は共産党一党独裁、経済は資本主義というアンビバレント（両面価値的）な国家体制を維持できないのでしょう。

そういう国家ですから、アメリカと中国の対立というのは、ある意味宿命みたいなところがあるのではないでしょうか。アヘン戦争は中国・清国とイギリスの貿易戦争でしたが、そのイギリスがアメリカに取って代わったのが今の米中対立なんだろうなあと思っていて、これはある意味、不可避的なものなのではなかろうかと。中国は、自国の国力に合わせてその国境は変化するのだという〝戦略的国境〟というすごい考え方を持っていますから。「何ですか？　それは！」って感じの考え方ですけれど。

浅井　良し悪しは別にして、中国という国はその時々での実際の状況に即して戦略ややり方を変えて行く、タフな国家ですよね。

石破　そうですね。「台湾は元々中国のものだった、香港も元々中国のものだった、取り返して何が悪い、当たり前だ」と。

浅井　あの強《したた》かさというか、タフさですよね。あの国は元々、交易というか品物を作るよりは品物を右から左へ動かして利益を得るという商人の国なので、利益なくしてすべては成り立たないということをよくわかっている民族なのです。

いかに国を富ませて行くか、ということを根本に据えています。しかも、最初は下手《したて》に出て、相手の顔色を見ながら実力を蓄えて、着々とここまでやってきたのです。あの強《したた》かさで。

石破　ロシアのプーチン大統領が、ドイツのメルケル首相に対して、「ドイツは主権国家ではない」と言い放っているのですが、その意味は〝自分の国の運命を自分で決められない国を主権国家とは言わない〟ということだと。

浅井　確かに。

石破　すごいこと言うな、と思うわけですが。

浅井　（笑い）

石破　プーチン大統領に言わせると、主権国家っていうのはアメリカ、中国、イギリス、フランス、それから北朝鮮なんだそうですよ。

浅井　みんな核を持っていますね。

石破　で、そのうちフランスとイギリスはＮＡＴＯに入っているからどうも信用ならんなと。ＮＡＴＯは軍事同盟ですからね。中国って面白いもので、軍事同盟をほとんど結んでいないのですよ。

浅井　あぁ、そうでしたか。

石破　唯一、北朝鮮ですね。北朝鮮も中国としか軍事同盟がないのです。プーチンの評価によると、最後は北朝鮮と中国とアメリカとロシアだけなのだそうです、主権国家は。

浅井　そう言われれば、確かにそうかもしれないですね。北朝鮮は国力がないのにあれだけの核兵器を作って、アメリカまで飛ぶようなミサイルを持ち、最近ではあの巨大なＩＣＢＭを軍事パレードで見せつけた。アメリカ相手に、です。ある意味では強かというか、ずる賢いというか。

石破　なるほど。

浅井　じゃあ、日本は何なんだと。

石破　日本は全然論外なんでしょうね。中国は、何せ人口が日本の一〇倍の一三億人いるから、賢い人もおそらく日本の一〇倍いるのでしょうね。

浅井　同じ比率だとしたらそうですね。

石破　ただ、中国の統治における問題点は、急速な高齢化の中で、経済成長がどこまで続けられるかということと、一三の国や地域と国境を接しているので全方位の安全保障策を考えなければならないことでしょう。周りにはロシアとかインドとか北朝鮮とか、なんだか怖そうな国ばかりいるわけですから。

私たちはリアリストとして、常にこのアジア地域における安全保障のバランス、バランス・オブ・パワーが保たれるように注意して行かなければなりません。中国の軍事力の拡大を甘く見るべきではありません。人民解放軍は中国共産党の軍隊であって、国民の軍隊ではありません。そしてそれはアメリカよりも強固な軍産複合体であって、軍事産業の利益で解放軍が潤い、中国共産党の支配がより安定する、という関係にあるわけです。特に海軍、空軍、サイバー、宇宙、それらの進化の度合いは加速度的なものであり、中国に対して日米同盟、あるいはANZUS条約（アメリカ・ニュージーランド・オーストラリアの太平洋安全保障条約）各国、あるいは米韓同盟など、それぞれのバランス・オブ・パワーがどれだけ保たれているのかという検証をきちんとやっておかないとなりません。

日本も「アメリカが守ってくれる！」「日米同盟があるから安心だ」というような考え方は、そろそろ捨てなければいけないと私も思いますね。

石破　そうですね。

浅井　日米同盟の信頼性と実効性を上げるために、日本は何をするべきかを真剣に考えることが大切なのです。思考停止のまま「非核三原則」を言っていればよいとか、「専守防衛」（他国へ攻撃をしかけることなく、攻撃を受けた時にのみ武力を行使して自国を防衛すること）を唱えていればよいとか、そういう話ではないのです。「非核三原則」にしても、「作らず、持たず」まではよいとして、「持ち込ませず」というのが本当に国益にかなうのかについては、表立って検証されていません。

石破　そうですね。

浅井　「専守防衛」も、状況に応じて変化する余地を持っています。中距離弾道ミサイルは、中露は言うにおよばず、韓国も配備していますが、なぜ日本だけが持ってはいけないのか。「攻撃的兵器であって専守防衛の理念を超える」という話なのでしょうけれど、無差別大量破壊を企図する兵器ではない。相手のミサイル基地だけ攻撃する、もちろん簡単ではありませんが、何十機もの戦闘機の編隊に対地攻撃ミサイルを搭載し、エーワックス（AWACS：空中警戒管制機）、空中給油機をセットで揃えるより、効果も高いし人的被害がないしコスト的にも相当有利です。そろそろ、抑止力を効果的に維持するための合理的発想に基づいた装備体系を考えるべきです。

中国が、香港の一国二制度を事実上踏みにじろうとしているように見えます。その先にあるのは台湾です。そして、台湾から沖縄は距離的にとても近い。かつてベトナム戦争の頃には、嘉手納からたくさんのB－29が飛び立ちました。

浅井　そうですね。

石破　今、沖縄は当然ながら日本国の領土であり、沖縄県に属する多くの島嶼《とうしょ》がありま す。万が一、台湾有事のようなことが起きた時、中国は石垣、西表《いりおもて》に至るまでの沖縄県の島々に本当に何もしないでしょうか？　しかも、何かことを起こすときに、誰でも侵略とわかるような態様《たいよう》でやってくるとは思えません。漁船に偽装したり、海警などの船に偽装したりして、人民解放軍の兵士が上陸しようとする。その場合にわが国はどうするのか？　今のままの態勢で行くなら、まずは警察権（施政権）に基づいた対応となりますが、それは自衛権発動までの間にいくつかの段階を経ることになります。国家主権たる領土を外国勢力に侵されているわけですから、国際法的には最初から、自衛権という整理になるはずです。淵源《えんげん》（おおもととしていること）が自衛権だからといって、すぐに武力行使ということではないですからね。

浅井　そうですね。

石破　しかし日本では、この議論が一向に進みません。

浅井　現実的な認識が、本当にまだできていない。そして、リスクとは何なのか、危機がきた時にどうするのかを真剣に考えていない。だからコロナもね、日本の場合、感染者の数が欧米より少ないからよいようなものの（それは国家のコロナ対策が優れていたからではなく、ＢＣＧを打っていたのと、国民の繊細なコロナ対策〈ほぼ全員がマスクをするなど〉のおかげだとされている。二三九ページ参照）、やはり今後、危機管理能力を日本人および国家がどうやって身に付けて行くかが大事ですね。

石破　そうですね。時間的な余裕はないけれども。

浅井　でも、やって行くしかないですよね、地道に、必死に。

石破　そのためには、政治家の側から、国民に対して、何が問題なのか正視して考えてもらうために語りかけなければならないと思っているのです。「きっと誰かが考えているに違いない」などと思っていると、本当に議論されないまま終わってしまいます。憲法改正の話もそうです。憲法第九条というのは、わが国が自らの自衛権や国際法的な地位をどう考えるか、という根本的な問題に解を出さなければ改正できない、してはいけない条文です。ただ、「自衛隊を九条に書けばよい」という考え方は、戦後七〇年以上続いた思考停止を固定化するだけです。こういう、時代の問題点を語り、これで良いのかということを語ると、ともすれば排斥されそうになります。でも、誰かが語らなければいけないのです。

浅井　太平洋戦争中は、吉田茂も排斥されていましたしね。でも、次の時代は彼が作りましたから。

石破　私はあんな偉い人じゃないからなぁ。ですが、経済にしても、財政にしても金融政策にしてもまずはまじめに議論をすることが大切だと思っています。すぐ金利を上げるかどうかとか、社会保障のシステムの改革とか、日米地位協定の見直しとか、政策の方向性については少し時間をかけて国民的なコンセンサスを得なければならない。ただ、これらについて今、「議論しないことが正しいのだ」という雰囲気は異常ですし、決してそのあり方が正しいとは思いません。

浅井　そうですね。まずお互いに意見を戦わせてね、最終的に合意してどうするのか決める、そうしないといけませんよね。ある意味、本当に石破さんはリアリストですし、歴史に対する造詣が深くていらっしゃる。日本は石破さんを必要とする日がきますよ。

石破　必要とされる時は、日本国が相当な危機を迎えている時じゃないですかね。

浅井　（笑い）。それでもしょうがないですよ。その時には誰かが立たないとなりませんから。でも、そこまで行けば日本人も変わらざるを得ないでしょうし。

石破　昭和二〇年（一九四五年）八月一五日を境に、日本は一八〇度変わったでしょう？　それまで「鬼畜米英」と叫んでいたのが「ギブミーチョコレート」になり、昨日まで「軍国主義」を叩き込んでいた教師が、突然「民主主義万歳」に変わったわけでしょう？　そういう面がわが国にはあるので怖いのですよ、私は。だから私が必要とされるような時代はこない方がいい、と思ったりするのです。まあ、それまで生きていればの話ですがね。

浅井　幕末もそうですけど、ある時から一気に行きますよね。歴史って不思議なのですけれど、ある時から一気に激流がきますよね。

石破　私は今の時期に、なぜソ連は八月九日に日本に参戦したのかとか、そういう流行《はや》らない書物を読んでいます。ベストセラーで本屋さんに積んであるような本から教わることもありますけれど、こんな仕事をしていると自費出版の本をたくさん送っていただくのですよね。大体、一週間に一〇冊くらい届きます。一生懸命書いたのでぜひ読んで下さいと。その中にも「あれ？」と思うものが時々あるのです。そういう本に教えられることも多い。

先般、筒美京平さんという昭和を代表する作曲家が亡くなりました。共に曲を作られた昭和を代表する作詞家と言えば、阿久悠さんとなかにし礼さんだと私は思うのです。『時には娼婦のように』とか『天使の誘惑』とかを作られた、なかにし礼さんからの対談のお話がありまして、ぜひお受けしたいとお伝えしています。もう八三、四歳になられたかな？　なかにし礼さんは満州生まれで、「国がなくなるというのはこういうことなのか」というのを実際に見た人なのです。ご著書の自伝的小説と言われる『赤い月』にも書かれていますが、日本は太平洋で負け続け、東京も焼け、広島と長崎に原爆が落ち、という状況の中でも、満州って平和だったのですね。

浅井　ソ連がくるまでは、ですね。

石破　突如としてソ連がやってきて、それまで支配者だった日本人が奴隷のごとく扱われて、ソ連兵に婦女子は凌辱され、男子は殺されたり強制労働に駆り出された。けれどその時、日本本国は何もしてくれなかった。国家が国民を見捨てるということがどういうことかを満州にいた方々は経験された。これをなかにし礼さんの本で強く学びました。私は、今のうちにいろいろな本を読んでおこうと思っていますが、あまりに知らないことが多すぎて怖くなることばかりです。

浅井　なんだか、哲学者か歴史学者との対談みたいでした。

石破　こんなことを言う政治家は、流行《はや》らない。

浅井　いないですね、他には。でも、いいんじゃないですか。石破さんが日本を変える日がいつかきますよ。

石破　そういう日はこない方がよいのではないかと思いますけれどもね。

（二〇二〇年一〇月一三日　収録）

第二章　新・船中八策

龍馬が練った一五〇年前の『船中八策』とは

『船中八策』をご存じだろうか？　幕末の慶応三年（一八六七年）、坂本龍馬が起草した新国家体制の基本方針のことだ。その八つの策、現代語訳すると次ページのようになる。

いきなりこれだけ読んでも、なかなか意味が伝わらないだろうから、龍馬がこの『船中八策』を書いた時代背景と、この八策で何を目指そうとしたのかを簡単にご説明しよう。

まず、一に出てくる「朝廷」だが、幕末をはじめ日本の歴史においてはよく出てくる言葉で「天子が政治をとる所。天子が政治について臣下に尋ね聞く所。廟堂。また、天子が政治を行なう機関」（精選版　日本国語大辞典）という意味である。当時、日本は圧倒的軍事力（海軍力）を持つ欧米列強に圧《お》され、治外法権など欧米列強にとって都合のよい不平等条約を押し付けられていた。力が

船中八策

一、政権を朝廷に返し、
政令は朝廷から出すようにすべし

二、議会を設け議員を置き、
天下の政治は公論で決めるべし

三、公卿・大名の他、
世の優れた人材の中から顧問とし、
従来の有名無実の官を除くべし

四、外交においては広く公議を採用し、
新たに妥当な条約を立てるべし

五、古来の律令を折衷して、
新たに憲法を選定すべし

六、海軍を拡張すべし

七、御親兵を置いて、
帝都を守衛させるべし

八、金銀の物価が外国と釣り合うように
法を設けるべし

口語訳：著者

弱い上に海外との取引にも慣れていなかった日本は、諸外国と金銀交換比率が異なっていたため、日本からは大量の金《きん》（ゴールド）が流出した。

このような危機的状況の中、旧態依然たる幕府の官僚組織は機能せず、国論は分裂状態。何としても国をまとめ、一つになって欧米列強に立ち向かって行かねばならない。幸い、わが国には中心に「万世一系」の天皇というご存在がある。この天皇を中心にまとまって優秀な人材で議論して決定するという政治体制を構築し、海軍力をつけ、不平等条約を改正し、列強に侮られない独立国にして行こうではないか――時代背景と大意はこのような感じである。

龍馬の『船中八策』はたったこれだけの短いものであるが、当時わが国が置かれていた極めて厳しい状況を踏まえた、実に簡にして要を得た八策であったのである。

ここで一つ、現代の私たちからすると意外に思えるのは、「五」である。『船中八策』を現代語訳したもののほとんどは、前半部分の「古来の律令を折衷して」はカットして「新たに憲法を選定すべし」という風に訳している。龍馬の先進性をクローズアップするためだろうが、しかし実際の龍馬は、根無し草的に新しいものを追い求める進歩派ではなかった。私たちが、私たちの社会や国家が存在するのは長い歴史があってこそであり、龍馬はそれを踏まえなければならないことを十分理解していた。だから、「古来の律令を折衷して、新たに憲法を選定すべし」と言ったのである。今日、私たちがこの日本を復活させ、まともな国家にするためにも、歴史を尊重し歴史に学ばなければならない。

さて龍馬は、同時代の他の多くの志士たちとは発想・やり方がすべて違ったユニークな存在だった。多くの志士は思想と時代の気分から出発し、日本国内だけで通用する「尊王攘夷」という過激思想を念仏のように唱え、過激な行動を繰り返した。それに対し龍馬は、欧米列強に追い付き対抗するためには実務・技術・ノウハウを学ぶべきだとして、「海軍創設」と「商船団による世界交易」という次の時代を先取りした具体的なやり方を目指した。それは世界に通用するものであり、明治近代国家の方向性を先んじて示したものであった。明治日本は、わずか四〇年足らずで欧米列強の一角であるロシアに負けぬまでになったわけだが（日露戦争は一九〇四～〇五年）、それはまさに龍馬が示した「富国強兵」の道が正しかったことの証左であろう。

低成長とバラ撒きによる借金増の三〇年

今日、わが国は幕末時と同じように諸外国から見下される国になりつつある。いや、もうすでになってしまっていると言ってよいだろう。戦後、高度経済成長をなし遂げ、「ジャパン・アズ・ナンバーワン」と称せられた面影はどこにもない。先進国の経済成長率はどこの国も新興国に比べれば低くなりがちだが、その中でもわが国はこの三〇年間、常に成長率最低レベルに陥っている。

経済は成長しない一方で、膨らみ続けたのは国の借金だ。それも、バラ撒きによる赤字国債の膨張が止まらない。国債には二種類あり、道路・港湾・ダムなどの建設に充てる「建設国債」と通常の国民サービスに充てる「赤字国債」だ。個人に置き換えれば、前者は言わば住宅ローン、後者は生活のためのサラ

国債残高の累増

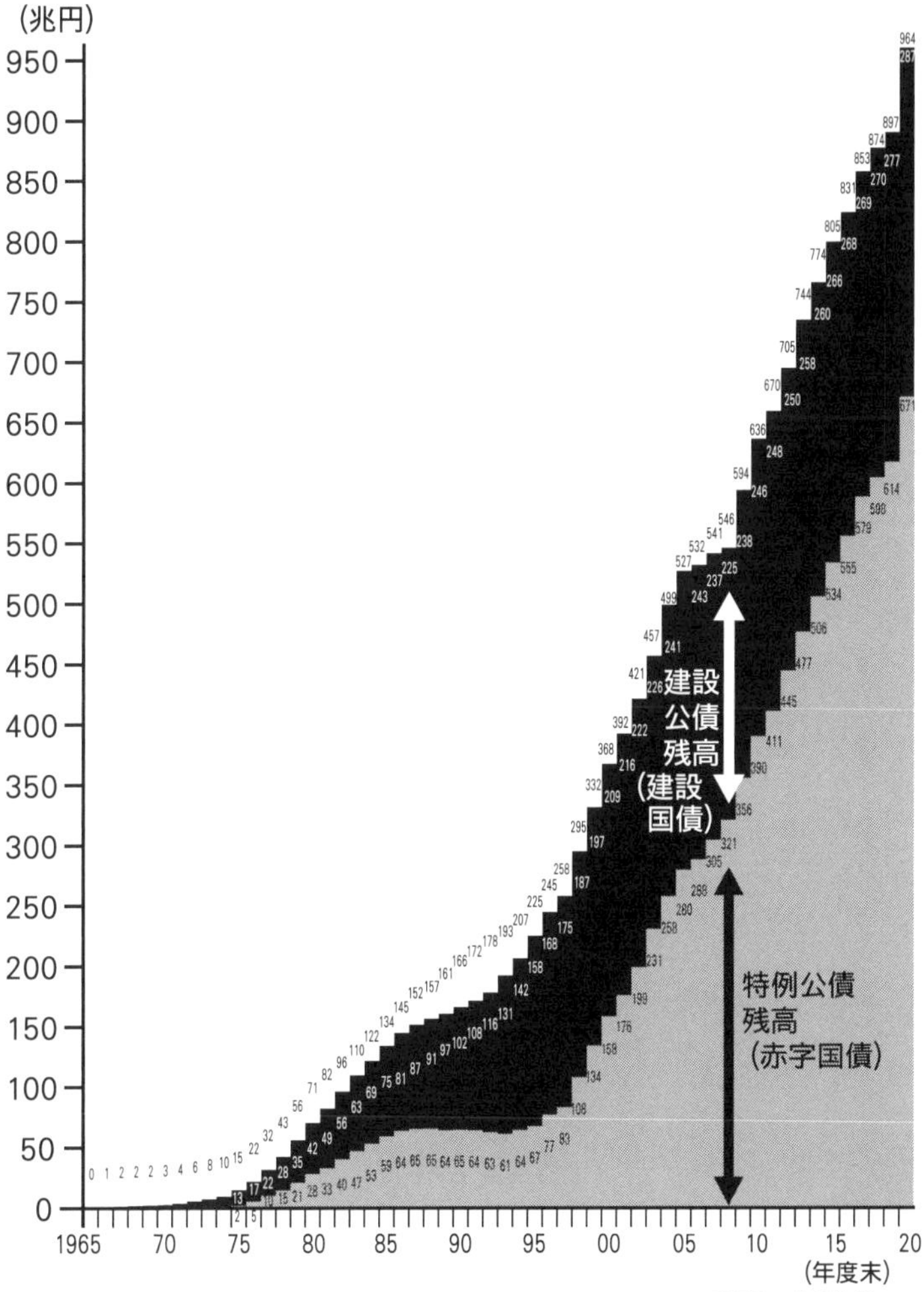

出所：財務省

金だ。九九ページのグラフを見れば一目瞭然。この三〇年で建設国債はほとんど増えておらず、赤字国債は一〇倍以上にまさに〝激増〟している。民主党政権で八ッ場ダムなどの公共事業が問題視されたことを覚えている読者もいらっしゃるであろうが、問題視しなければならなかったのは赤字国債＝国民へのバラ撒きだったのは明白だ。

にも関わらず、「コンクリートから人へ」などというウケ狙いのキャッチコピーを掲げてバラ撒きを拡大した民主党もお粗末だし、それに乗せられた国民もお粗末だった。しかしこれは、民主党や国民だけがお粗末なのではない。バラ撒きによる借金増は、自民党政権時代から始まっているのだ。「バラ撒いてもらって当然」と思っている愚民に媚びる衆愚政治、これが借金増が止まらない根本原因だから、この腐った根っこをどうにかしなければ日本の劣化は止まらない。

三〇年前と現在とで企業の時価総額ランキングを比較すると

バブル崩壊後、最初は「失われた一〇年」と言われた。しかし一〇年で終わることなく「失われた二〇年」となり、ついに「失われた三〇年」になってしまった。今一度、時計の針を三〇年前に戻してそこからの日本経済を振り返ってみよう。

一九九〇年のバブル崩壊後、金融機関を苦しめたのは山のような不良債権処理であった。この後ろ向きな作業に苦しめられた金融機関は、不良債権を出さないような経営を推し進めた。不良債権を出さないようにするにはどうしたらよいか――貸さなければよいのである。業績が少しでも振るわない企業には融資しない、いわゆる「貸し渋り」問題が生じた。しかし、問題は「貸し渋り」ばかりではない。たとえば、先進的な技術やノウハウを持ったベンチャー企業が融資を申し込んできたとする。しかし、日本の銀行は長らく担保主義で融資してきたから土地などの担保がなかったり、そもそも創業から間もなかったりする企業は端《はな》から融資対象から除かれていた。そういう融資スタンスだったから、将来性のある事業を審査する能力などなかった。その結果、わが国では「失われた三〇年」の間、これといった企業が生まれなくなってしまったのだ。

先進国の経済成長率は新興国のようには行かないが、それでもたとえばアメリカにおいては、「GAFA」（グーグル、アップル、フェイスブック、アマゾン）に代表される革命的なIT企業が生まれてきている。アメリカなど他の先進国と比べても、日本のこの三〇年の停滞振りは明らかだ。

時代の先端を行く企業が生まれなくなったばかりではない。この三〇年で、わが国の戦後高度経済成長を象徴する代表的企業は次から次へとものの見事に没落して行った。「技術の日産」はバブル崩壊後経営危機に陥り、フランス・ルノー社傘下となって、カルロス・ゴーンを送り込まれた。剛腕・ゴーンにより経営立て直しはなったかに見えたが、実は食いものにされていたことは衝撃と共に記憶に新しい。「世界の亀山モデル」を謳《うた》ったシャープは、リーマン・

全世界株式時価総額ランキングトップ10

順位	1989年末	2020年12月
1	NTT	アップル（米）
2	日本興業銀行	サウジアラムコ（サウジ）
3	住友銀行	マイクロソフト（米）
4	富士銀行	アマゾン・ドット・コム（米）
5	第一勧業銀行	アルファベット（米）
6	IBM（米）	フェイスブック（米）
7	三菱銀行	アリババ・グループ（中）
8	エクソン（米）	テンセント（中）
9	東京電力	テスラ（米）
10	ロイヤル・ダッチ・シェル（英）	バークシャー・ハサウェイ（米）

ダイヤモンドオンライン、CorporateInformationのデータを基に作成

ショック後技術過信が仇となって一気に経営危機に陥り、台湾企業・鴻海《ホンハイ》精密工業に買収された。

　こういった企業の盛衰を顕著に表すのが株式市場だ。特に世界の企業時価総額ランキングは、今まで述べてきた説明を如実に表している。一〇三ページの表はバブル最盛期の一九八九年末の世界時価総額ランキングと二〇二〇年一二月におけるランキングだ。一九八九年（平成が始まった年）、日本企業は文字通り世界に君臨していたのである。上位五〇社で見ると、日本企業は三二社を占めていた（一〇七ページ参照）。今、上位五〇社に入っているのは「トヨタ自動車」だけ。しかもギリギリの四六位だ。

　一九八九年のランキングでは銀行が目立つが、一一位以下を見てみると、一一位に「トヨタ自動車」、一七位に「日立製作所」、一八位に「松下電器」（現パナソニック）、二〇位に「東芝」、二六位に「日産自動車」など、戦後日本の高度経済成長の牽引役となった自動車や電機業界の企業の名前が出てくる。

　そういった成長企業に経済の血液であるお金を供給した銀行も、大いに儲かった。「戦後は、昭和は、そういう時代だったなあ」と、今となっては〝昔ばなし〟として語られる話になってしまった。

バブル絶頂期にはすでに狂っていた

それにしても、今改めてこのランキングを見て考えてみると、もうすでにこの時点でおかしくなっていたようにも感じる。どこがかというと、トヨタや松下がメガバンクのはるか下にランクされていることである。戦後、日本を代表する企業といえば、誰もがトヨタや松下を思い起こすことであろう。ところが、バブル最盛期の株式時価総額ランキングでは、そういった戦後日本を代表する企業より（あえて言えば）カネ貸しの方がランクが上になっていた。つまり、もうこの時点で「実業よりおカネ」になっていたのである。

もちろん、先に述べたように金融は経済の血液であるから、とても大切な役割を担う。しかし、どんなメガバンクも戦後日本経済の主役ではない。戦後日

全世界株式時価総額トップ50（2020年12月）

順位	企業名	時価総額（10億ドル）	国名	順位	企業名	時価総額（10億ドル）	国名
1	アップル	1979	米	26	ロシュ・ホールディング	286	スイス
2	サウジアラムコ	1913	サウジアラビア	27	中国建設銀行	267	中国
3	マイクロソフト	1628	米	28	ウォルト・ディズニー	262	米
4	アマゾン	1604	米	29	バンクオブアメリカ	251	米
5	アルファベット	1211	米	30	ベライゾン	251	米
6	フェイスブック	792	米	31	中国平安保険	249	中国
7	アリババ	748	中国	32	ペイパル	248	米
8	テンセント	719	中国	33	コムキャスト	237	米
9	テスラ	555	米	34	美団点評	236	中国
10	バークシャー・ハサウェイ	546	米	35	アドビ	229	米
11	TSMC（台湾積体電路製造）	444	台湾	36	コカ・コーラ	226	米
12	ウォルマート	430	米	37	セールスフォース	225	米
13	サムスン	419	韓国	38	ネットフリックス	217	米
14	VISA（ビザ）	416	米	39	ナイキ	210	米
15	ジョンソンアンドジョンソン	379	米	40	ファイザー	207	米
16	JPモルガンチェース	370	米	41	AT&T	207	米
17	P&G（プロクター&ギャンブル）	344	米	42	ロレアル	206	仏
18	マスターカード	338	米	43	ノバルティス	203	スイス
19	貴州茅台酒	332	中国	44	メルク&カンパニー（MSD）	202	米
20	エヌビディア	328	米	45	ペプシコ	200	米
21	ネスレ	325	スイス	46	トヨタ	195	日本
22	ユナイテッドヘルス	321	米	47	インテル	194	米
23	LVMH	298	仏	48	アボット・ラボラトリーズ	191	米
24	ホーム・デポ	297	米	49	アッヴィ	185	米
25	中国工商銀行	292	中国	50	中国人寿保険	184	中国

CorporateInformationのデータを基に作成

全世界株式時価総額トップ50（1989年）

順位	企業名	時価総額（億ドル）	国名	順位	企業名	時価総額（億ドル）	国名
1	NTT	1638.6	日本	26	日産自動車	269.8	日本
2	日本興業銀行	715.9	日本	27	三菱重工業	266.5	日本
3	住友銀行	695.9	日本	28	デュポン	260.8	米
4	富士銀行	670.8	日本	29	GM	252.5	米
5	第一勧業銀行	660.9	日本	30	三菱信託銀行	246.7	日本
6	IBM	646.5	米	31	BT	242.9	英
7	三菱銀行	592.7	日本	32	ベル・サウス	241.7	米
8	エクソン	549.2	米	33	BP	241.5	英
9	東京電力	544.6	日本	34	フォード・モーター	239.3	米
10	ロイヤルダッチ・シェル	543.6	英	35	アモコ	229.3	米
11	トヨタ自動車	541.7	日本	36	東京銀行	224.6	日本
12	GE	493.6	米	37	中部電力	219.7	日本
13	三和銀行	492.9	日本	38	住友信託銀行	218.7	日本
14	野村証券	444.4	日本	39	コカ・コーラ	215	米
15	新日本製薬	414.8	日本	40	ウォールマート	214.9	米
16	AT&T	381.2	米	41	三菱地所	214.5	日本
17	日立製作所	358.2	日本	42	川崎製鉄	213	日本
18	松下電器	357	日本	43	モービル	211.5	米
19	フィリップ・モリス	321.4	米	44	東京ガス	211.3	日本
20	東芝	309.1	日本	45	東京海上火災保険	209.1	日本
21	関西電力	308.9	日本	46	NHK	201.5	日本
22	日本長期信用銀行	308.5	日本	47	アルコ	196.3	米
23	東海銀行	305.4	日本	48	日本電気	196.1	日本
24	三井銀行	296.9	日本	49	大和証券	191.1	日本
25	メルク	275.2	米	50	旭硝子	190.5	日本

ブルームバーグ ビジネスウィークのデータを基に作成

本経済の主役は、誰がどう考えてもトヨタや松下であり、モノ作りであり実業であった。実業で人の役に立つもの、喜ばれるものを作り、供給し、それが結果として企業の発展につながりおカネにつながったのだ。戦後、日本の高度経済成長はこうした営みによって築かれたのだ。

「経営の神様」と呼ばれた松下幸之助は、仕事についてこのように述べている。「どんな仕事でも、それが世の中に必要なればこそ成り立つので、世の中の人々が求めているのでなければその仕事は成り立つものではない。（中略）大切なことは、世の中にやらせてもらっているこの仕事を、誠実に謙虚に、そして熱心にやることである。世の中の求めに、精いっぱいこたえることである」「世の為、人の為になり、ひいては自分の為になるということをやったら、必ず成就します」。こうも言った。「小利口に儲けることを考えたらあきません。世の中にボロいことはないから、結局流した汗水の量に比例して成功するわけですわ」。

ベストセラー小説から映画にもなった『海賊とよばれた男』のモデルである出光興産創業者の出光佐三。この人も、カネのためではなくまさに「志」で事業を行なった人物だった。この人も多くの名言を残した方だったが、その中に「黄金の奴隷たるなかれ」というのがある。「出光商会は事業を目標とせよ。カネを目標とするな」。そして、「単なるカネ儲けを目指すだけでは、真の事業とはいえない。（中略）常に普遍的な国利民福を念願した、また彼岸した真理性が望まれねばならない」。

まず、世のため、人のため、国利民福のためという根本的な志があり、それにかなう事業を命懸けでやった結果としてカネ儲けもでき会社も大きくなる。戦後ビッグになった日本の企業は、皆こうだったのだ。

バブル期には、日本人の意識は明らかに「汗水の量」ではなく「小利口に儲けること」に向かっていた。結果として得られるものであるはずのカネの「奴隷」となり、「世の中にボロいことはない」のに、ボロいことがあるようにカン違いし始めていた。

「失われた三〇年」に関しては、様々な経済的分析がなされている。しかし、経済を作るのは人間である。この三〇年の日本経済の劣化は、日本人の劣化の結果と言うべきではないだろうか。

成長を伴わない官製株高

一九八九年一二月二九日、年内最後の取引日「大納会」を迎えた東京証券取引所で日経平均は史上最高値を付けた。終値は三万八九一五円八七銭、取引時間中の高値は三万八九五七円四四銭。四万円の大台に手が届きそうな、そんなところまで達していたのだ。

しかし今更述べるまでもなく、三〇年以上経った今日に至るまで最高値は更新されていない。アベノミクスで株価は上がったと言われ、その前の民主党政権時は一万円前後でうろうろしていたのだから、それと比べれば確かに良いのだが、それでも第二次安倍政権下では二万四〇〇〇円を超えるのが精一杯だった。菅政権になって二万六〇〇〇円を超えたが、しかしアベノミクス以降の株高は本当に日本企業・日本経済が力を付けたことの反映であるとは到底言いがたい。黒田日銀の株価指数連動型上場投資信託（ＥＴＦ）買いによる株高、官製株高であるのは明らかだ。

「アベノミクス三本の矢」の第一の矢である「大胆な金融政策」。新たに就任した黒田東彦日銀総裁の下、二〇一三年四月「量的・質的金融緩和」、いわゆる「異次元緩和」が始まった。この時決められた日銀によるＥＴＦ保有残高は、年間一兆円の増加であった。円安も相まって株価は上昇し始めたが、その後株価が低迷するたびに黒田日銀はＥＴＦの年間購入額を上げて行った。二〇一四年一〇月には三兆円、二〇一六年七月には六兆円、そしてコロナショックに見舞われた二〇二〇年三月にはついに一二兆円にまで年間購入額を引き上げた。

ＥＴＦを買うということは、良い企業・悪い企業関係なくパッケージ買いするということだから、良い企業の株だから上がる、悪い企業の株だから下がるという市場本来の機能は当然失われる。そうすると、本当は市場から評価されないはずのバッド・カンパニーも株価が高いことで危機意識が薄まる。改革にはおよび腰となり、さらにバッド・カンパニーになって行く……。日銀による

ETF買いは、このようなダメ企業の甘やかしにつながるものなのだ。

それでも、株価は下がるよりは上がった方が様々な面で良い点も多い。アベノミクスの七年八ヵ月の間、日経平均の上昇率はニューヨークダウとほぼ同じであった。では、バブル崩壊以後の三〇年で見た場合は、どうであろうか？一一三ページの比較チャートを見ていただければ一目瞭然。日経平均が史上最高値を付けた一九八九年末のニューヨークダウは二七五三ドル。現在（二〇二〇年一二月二二日）は三万一七九ドル。一〇倍以上（！）になっているのだ。がく然とせざるを得ない、圧倒的な差である。「失われた三〇年」で、国際社会の中で日本経済がいかに沈没して行ったかを象徴すると言えるだろう。

アメリカと覇権を争うまでになった独裁国家・中国

日本が劣化する一方で、この三〇年で急速に力をつけアメリカと覇権を争うようにまでなったのが、お隣の共産党独裁国家・中国である。先に見た企業の

過去30年の日経平均とダウ平均の株価推移

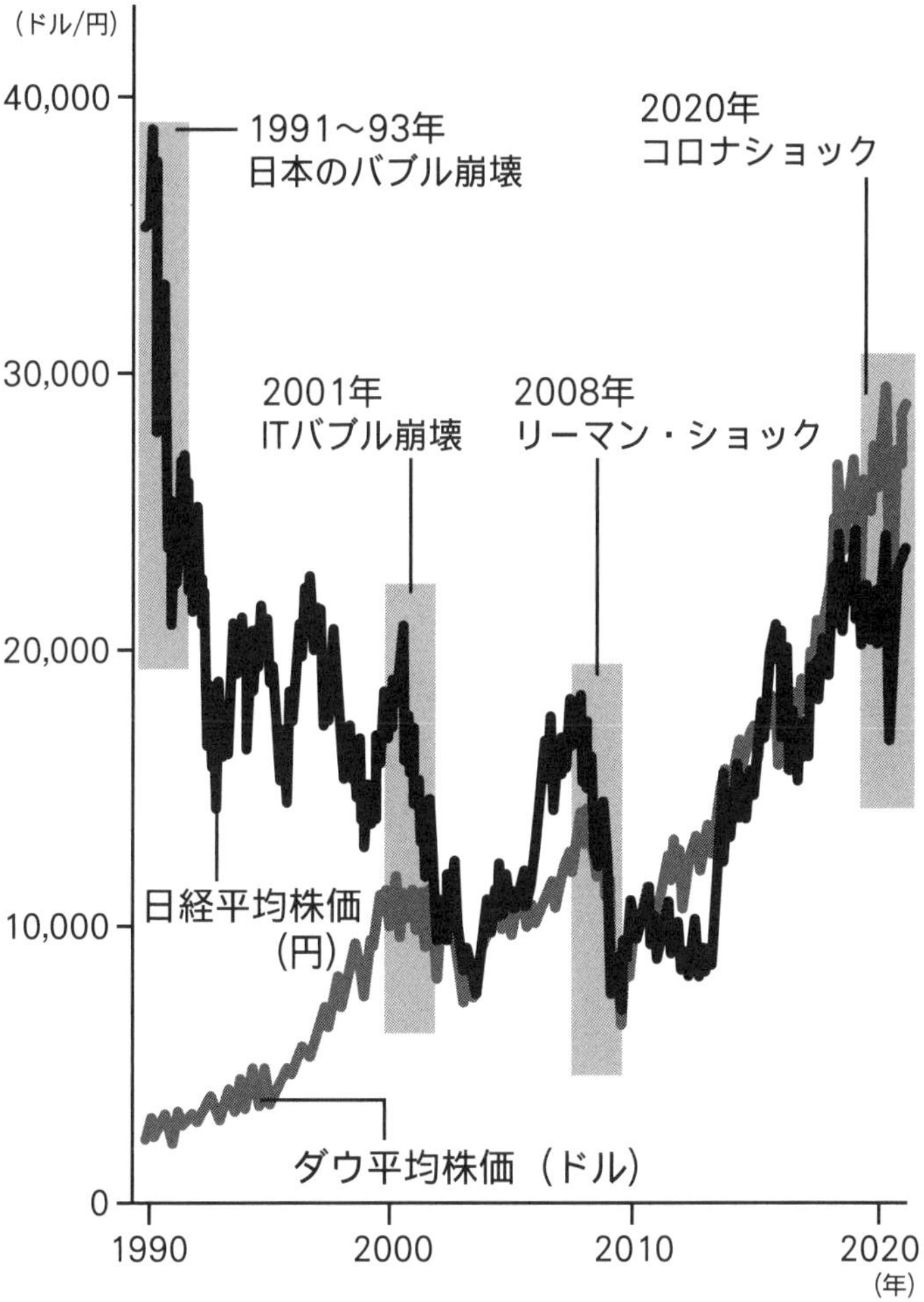

時価総額ランキングでも、ベスト10から日本企業が消える一方で中国企業が複数社ランキング入りしてきていた。

わが国がバブル景気を謳歌していた三〇年前、中国はどのような感じであったか。まず事件としては、一九八九年六月四日天安門事件が起こっている。北京市にある天安門広場に民主化を求めて集結していたデモ隊に対し人民解放軍が武力行使し、多数の死傷者を出した事件である。この事件と当時の中国経済の様子を日本経済新聞・日経産業新聞で読み返してみると、なかなか興味深い。

まずは、一九八九年一〇月三日付日経産業新聞の「再構築対中ビジネス」と題する連載記事の二回目。「二期工事も継続へ――問題は完全な代金支払い」と題する記事の冒頭を抜粋しよう。

上海市の中心部から車で北に一時間弱。行きかう自転車の間をぬうようにして走っていくと長江（揚子江）のほとりに宝山製鉄所がその威容をみせる。宝山製鉄所は日中国交回復後の象徴的な経済協力プロ

ジェクトとして、故稲山嘉寛・新日本製鉄元会長の肝入りで建設された。（中略）

「影響は全くありませんでした」——。宝山製鉄所の本社部門が入る宝山賓館の一階応接室。曹長祥・工程指導部副指揮は天安門事件の影響についての質問にこう即答した。

六月五日、上海市内の交通は完全にマヒ状態となった。この日の未明に北京で起きた無差別発砲に抗議した学生たちが市内各所にバリケードを設けた。製鉄所周辺では混乱はなかったものの、市内から宝山にむかう従業員の足が寸断された。

宝山のトップはすぐさま現場に指示を出した。「歩いてでも会社に出てきてほしい。いったん持ち場についたら交代要員が来るまでそこを離れるな」。ヤマ場を迎えている二期工事が一日中断すればその遅れは後で何倍にもなってはねかえってくる。本格稼働中の設備を止めるわけにもいかない。従業員の確保は最優先事項だった。

本社からの指示に各従業員は市内から製鉄所まで二時間以上の道のりを歩いてやってきた。中にはハイヒールばきの女性もいた。次の現場担当者の到着が遅れ、四十八時間持ち場を離れられない人も出た。それでも設備稼働だけは続けた。五日後には交通も平常に戻った。結局、六月の粗鋼日産平均は九千六百十八トンで五月比五百トン増えた。

宝山には事件当時、二期工事の設備据え付けのため日本、西独、フランス、米国の技術者四百二十人（家族も含む）が駐在していた。日本からは連続鋳造設備の据え付けと操業指導のため新日鉄と日立造船の百人弱が派遣されている。天安門事件の直後に七人の米国人は本国からの指示で帰国した。が、他の三国の技術者は宝山に残った。（後略）

（日経産業新聞一九八九年一〇月三日付）

この記事冒頭にある「行きかう自転車の間をぬうようにして」――四〇代後半以上の読者はご記憶であろう。三〇年前の中国と言えば、洪水のように自転車があふれていた。自動車ではない。自転車だ。若い読者には想像も付かないだろうが、自動車などという高価なものは、中国人にはとても手が出なかったのだ。

そして、日本や欧米が中国に技術指導をしていた。技術力の差は歴然たるものがあった。中国にあるのは、ただ労働力だけ。先の記事は、そういった状況をよく伝えてくれる。

もう一つ記事を紹介しよう。今度は「米国の銀行、シティコープの前会長、ウォルター・リストン氏から」と題する一九八九年六月七日付日本経済新聞のコラム「春秋」からだ。

米国の銀行、シティコープの前会長、ウォルター・リストン氏から、こんな予言を聞いたことがある。「情報本位制が世界の経済や政治の仕組みまで変えるだろう」。

▼経済統計や通貨当局首脳の発言など様々の情報が情報メディアを

通じて金融市場を揺り動かすだけではない。政治の仕組みまで変えるというのは、ちょっと言い過ぎかと思ったが、いまリストン氏の予言が証明されつつあるようにみえる。

▼中国人民解放軍の戒厳部隊による武力制圧は世界中に生々しく伝えられた。暗やみのなかの銃声。走る戦車。自転車でかつぎだされる人々。報道中の米CBS記者がとらえられそうになり「オー、ノー」と叫び続ける。こんなことを国際世論はけっして許さない。

▼報道管制にもかかわらず北京の惨事が中国各地に伝わり抗議の動きが広がったのは海外の短波放送などによるという。理解に苦しむ制圧に出たのは、中国の指導者たちが世界が情報時代に入っていることを肌で感じていなかったからではないか。

▼国際世論をリードしてミッテラン仏大統領は中国政府に対して「そのような政府に未来はない」と手厳しく批判した。ブッシュ米大統領は武器の対中禁輸を発表した。宇野首相はどうだろう。その第一声

は「憂慮に耐えない。平穏になることを祈っている」。これを情報時代の世界はどう受け止めるか。（後略）

（日本経済新聞一九八九年六月七日付）

「情報本位制」とか「情報時代」という言葉が使われている。そして、そのような情報時代に中国政府が行なった「武力制圧」（天安門事件）は世界の知るところとなり、そんな暴挙を国際社会は許さない。「そのような政府に未来はない」と正論を述べていたのだ（中国に弱腰の日本以外の先進国は）。

しかし、現実にはその後どうなったか。共産党独裁国家の中国は情報管理・情報統制の徹底振りにおいては世界一となり、世界の民主主義国家にとっての一大脅威となってしまった。残念ながら、リストン氏やミッテラン氏の予言は完全に外れてしまったと言わざるを得ない。共産党独裁の中国は、今も香港や新彊ウイグル自治区などで強権を用いて非人道的な弾圧を続けているが、先進国の批判など意に介さない。むしろ、潤沢になったチャイナマネーで新興国

（その多くは独裁的な権威主義国家）を事実上買収し、国連人権理事会では多数派さえ形成している。

その間、わが国は何をやってきたのか。技術やおカネの面で中国に手を貸すことはあっても、非人道的な人権問題に対する批判は終始控えてきたと言ってよいだろう。その結果、中国はすっかり図に乗り、軍事力ではわが国を圧倒して平気で挑発を繰り返すようになり、さらにはＧＤＰにおいてもわが国は中国の後塵を拝するようになってしまった。

このような状況を、もし龍馬が目にしていたら『新・船中八策』を唱えずにはおれないだろう。今まさに、日本には『新・船中八策』が必要なのだ。

これが『新・船中八策』だ！

では、私が龍馬になり代わって現代の『船中八策』、『新・船中八策』を提言したい。まず「前文」はこれだ。

悪しき旧弊を拭い去り、明治維新以来永きにわたった中央集権制度の弊害を一掃すべく、勇気ある大改革に総力を挙げて取り組むべし。それをなし遂げなければ、この国に未来はないと思え。そのために、

ここまでが「前文」だ。「未来はない」とまで厳しく書いたが、それくらい今のわが国は危機的状態にあると言ってよいだろう。では、以下八策を記す。

一、民度の底上げを実現し、国民がバラ撒きを求めるのではなく、辛くて厳しい「本物の改革」を受け入れる下地を作るべし。

ある意味、これに尽きる。これがなければ、何も始まらない。

株式会社イエローハット創業者の鍵山秀三郎氏は「日本を美しくする会」の発案・創設者で、社員による清掃活動や企業収益の一部を社会に還元する活動でも知られているが、現在八七歳の鍵山氏は最近このように述べている。

「何よりも私が心配する内憂は、日本人の大半の人が国のことより自分のことの方が大事だと思っていることです。これは日本人が悪い人だということではありません。むしろ良い人が多く善人なのです。その善人である日本人が、国家のことより自分個人のことにしか関心を持っていないということを、私は心配しています」（『こころ便り』　令和二年秋分　株式会社新宮運送グループ刊）。

私も同じ思いである。自分のことしか頭にないから「給付金くれ」「給付金が遅い」となり、揚げ句の果ては「給付金詐欺」が横行する。国を「何でもやってくれて当たり前のサービス機関」のようにしか思っていない国民のなんと多いことか。そういう国民ばかりになってしまったから、政治もそういう衆愚に媚びてバラ撒き政治を行なう。その結果が、「世界一の借金大国」なのである。

私はぜひ、かつてアメリカ大統領が米国民に呼びかけた言葉を投げかけたい。第三五代アメリカ大統領、ジョン・F・ケネディのあの言葉である――「わが合衆国市民諸君、合衆国が諸君に何をしてくれるかを問わないでくれ、諸君が合衆国のために何ができるかを問うてくれ」。国民がそういう意識に変わらなければ、「本物の改革」はあり得ない。

二、次の時代を切り拓く、イノベーション（革新的技術）力を国家としてつける方策を考えよう。

これに関しては、第五章で詳述するが、その前に読者の皆さんに一つ問いを出そう。その問いとは、なぜイノベーション力が必要なのか、である。そう問われて、読者の皆さんはどうお答えになるだろうか。「より快適で豊かな生活の実現のため」あるいはもっと大きく「人類の進歩に貢献するため」――そんな風に答える方もいらっしゃるだろうが、歴史を顧みればもっとシビアな答えが導き出される。それは、イノベーション力を獲得した国が遅れた国を支配するというのが厳然たる事実であるからだ。

近代社会の始まりを告げた産業革命。蒸気機関の出現とそれに伴う石炭の利用というエネルギー革命と生産技術の革新。木綿工業から始まった技術革新は、機械工業、鉄工業といった重工業に波及し、さらに鉄道や蒸気船の実用化という交通革命をもたらすこととなる。これが産業革命の表面だとすれば、裏面はその革命的技術力を暴力的に行使しての植民地支配だ。

それまでも植民地はあったが、自走するしかなかった帆船から蒸気力で走る蒸気船が作られ、植民地支配と大西洋奴隷貿易を一気に推し進めた。西洋諸国は植民地を収奪・搾取の対象としたばかりか文化・言語を抑圧し、分捕り合戦で勝手に国境線を引き、その後の紛争の基を作った。今も内戦や紛争が絶えないアフリカや中東地域の真っすぐな国境線を今一度見てほしい。これは、西洋列強の植民地支配の忌まわしき残滓だ。

時代をもっと遡ってみよう。紀元前一五世紀頃、現在のトルコ、アナトリア半島に王国を築いたヒッタイトは、他の民族が青銅器しか作れなかった（あるいは製鉄技術が未熟であった）時代に、高度な製鉄技術を駆使し戦車まで造った。そして、「ハンムラビ法典」で名高い古バビロニア帝国を滅ぼす。その鉄の製法は、国家機密として厳重に秘匿されていたという。最先端の技術は、他国には出さない。現代にも通じる話だ。

時代は下ってわが国の戦国時代。この時代にわが国にあらわれた最先端の武器は言うまでもなく「鉄砲」である。一五四三年、種子島に漂着したポルトガル人によってもたらされた鉄砲は、またたく間に戦国大名に普及。その大量整備で圧倒的勝利を挙げたのは織田信長であった。一五七五年の長篠の戦いで織田軍は当時最新兵器であった鉄砲を三〇〇〇丁も用意し、さらに新戦法の三段撃ちを編み出して当時最強と呼ばれた武田の騎馬隊を殲滅したと言われる。

このように、最先端の技術力を持つか持たないかは、覇権に直結することなのだ。これは鉄砲のように直接軍事に関わる技術だけの話ではない。ヒッタイトの製鉄技術は、もちろん軍事的に有用な技術であるが一般生活にも有益であることは言うまでもない。いずれにしても、最先端の技術を握れるか握れないかが国家の盛衰を決めるのだ。

今日の最先端技術と言えば、まずはＡＩ（人工知能）。そして、自動車産業ではＣＡＳＥ。これは二〇一六年のパリモーターショーでダイムラー社のディーター・ツェッチェ社長が、自動車業界を一変させると述べた四つの分野の頭文字を取った造語である。ＣはConnected（コネクテッド）、ＡはAutonomous（自動運転）、ＳはShared（シェアリング）、ＥはElectric（電動化）だ。このＣＡＳＥによって自動車業界は一〇〇年に一度の大変革期を迎えていると言われている。ここで対応を誤れば、現在わが国で唯一、世界時価総額ランキング上位五〇社に入っているトヨタでさえ沈没しかねない。すでに、市場はトヨタより電気自動車のテスラの方を高く評価しているのだ。

二〇二〇年七月一日、テスラの時価総額がトヨタ自動車を抜き、世界の自動車メーカーの首位に立った。テスラとトヨタとでは、年間の車両販売台数で三〇倍もの開きがある。にも関わらず時価総額で両社が逆転したということは、市場はテスラの将来性を評価したということだ。近い将来、トヨタでさえ危うい。それが、日本の産業界の現状なのである。

新型コロナウイルスも、わが国の技術力の低さを満天下に示してしまった。まず、ＰＣＲ検査では韓国に大きく見劣りする姿を露呈。ワクチン開発では世界の覇権を争う米中にはもちろん、ヨーロッパの老大国イギリスにもはるかにおくれを取っていることが明らかになってしまった。日本は、新型コロナワクチンをファイザー社などの米企業からのみならず、英アストラゼネカ社からも供給を受ける側なのである。

ワクチンは国民の生死に関わる先端技術であり、戦略物資であるとも言える。

だから、米中はもちろん多少なりとも技術力のある国はその開発に巨資を投じる。わが国には、そういう戦略的視点がまったく欠落している。最高品質のワクチンを開発し量産体制を構築できれば、この戦略物資の供給側に立つことができる。そうなれば、強い。供給を受ける側の国民の生殺与奪の権を握ることができるのだから。

このように、ワクチン開発も世界覇権を争う熾烈な戦いの中にあるのだが、最先端の技術をめぐるもっと恐ろしい話をしておこう。先にも述べた人権弾圧を何とも思わない独裁国家・中国。中国が人権弾圧の武器に使っているのが、最新のデジタル技術だ。

二〇一九年四月二四日付『ニューズウィーク日本版』が伝えるところによれば、「たとえば、中国政府は、国内の少数民族居住地域での大規模な取り締まりにＡＩを使用している。新疆ウイグル自治区とチベット自治区に対する監視システムは、ジョージ・オーウェルの小説『１９８４年』に登場する全体主義社会の市民に対する常時監視システムを思わせるところから『オーウェル式』と呼ばれている。こうしたシステムには必ずＤＮＡサンプル、Wi-Fiネットワークの監視および広範な顔認識カメラが含まれ、すべて統合データ分析プラットフォームに接続されている。米国務省によると、これらの制度を利用して、中国当局は一〇〇万人から二〇〇万人を『恣意的に拘禁』している」。そして中国は、世界五四ヵ国にこのＡＩ監視技術を輸出しているというのだ。

まだまだ新興国には多い独裁的指導者にとって、このシステムは国内の反対派を圧殺するには実にありがたいシステムだ。こうして中国は、独裁的な権威主義国家を味方に付け、先にも述べたように国連人権理事会で多数派を形成するまでになっているのである。国連人権理事会は、人権弾圧派が多数を占めている。これが、今の世界の現実なのだ。

あなたは、あなたの生年月日、身長・体重、どこで誰と会いどういう話をしたか、電話やメールでどんなことを言っているか、どんなことにお金を使っているかなど――そういう個人情報を、独裁国家・中国がすべて握ることができるようになったとしたら……ということを考えたことがあるだろうか。政官財の日本の指導者も、何かしらすねに傷の一つくらいはあるだろう。それを握られれば言いなりである。こっちはそういう情報を握ることはできず、向こうはできるとなれば、勝負は完全に決したも同然だ。事実上、わが国は中国の支配下となる。

三、政府の借金をひたすら膨張させ続けてきた体質、やり方を改善し、財政破綻を回避するための策を緊急に講ずべし。

これに関しては、税制・少子化対策と併せて第六章で詳述するが、これに関しても一つだけ先に述べておく。それは、この三〇年の経済政策の前提がそもそも根本的に間違っているのだ。

たとえば、政府が社会保障の将来見通しを立てる時、およそあり得ない高い経済成長率を前提条件としている。高度経済成長の夢からまだ覚めることができず、どうしてもそれを追い求めてしまう。経済成長すれば税収も上がる、賃金も上がれば社会保険料収入も上がる。だから大丈夫、というような甘々の財政・社会保障の見通しを繰り返す。もう、いい加減に目を覚ますことだ。国民に甘々なことしか言えない政治は、どんどんダメになる。

四、現在の中央集権、東京一極集中を改め、本格的道州制へ移行する。地方分権をはるかに超えた独立国家の集合体としてのユナイテッド・ステーツ・オブ・ジャパンを実現する。各州ごとに独自の税制（税率）、法律を持ち、相互に競争させる。

江戸時代には、各藩が独自の文化を持ち、教育を行なっていた。そして、その中から幕末に土佐からは坂本龍馬が、薩摩からは西郷隆盛が、長州からは吉田松陰が生まれた。中央のがんじがらめの縛りではなく、もっと自由自在にやらせる。それが今の日本には必要だ。詳しくは次の第三章で論じて行くが、これについても一つだけ先に述べておこう。それは、郷土の英雄を地方独自で教えるということだ。

今の歴史教科書に英雄・偉人は出てこない。それこそ、坂本龍馬も歴史教科書から消されようとされている。しかし本当に学ぶべき歴史とは、素晴らしい事績を残した先人たちの生きる姿ではなかろうか。それが自国、ひいては自分の誇りへと繋がり、志の種を生むのだ。しかし、今国の教育にはそんな視点はない。英雄・偉人の話など出てこない。それならば、石破氏が言っていたように地方が独自の教育を行なって、郷土の英雄を学ぶようにしたらよい。それによって郷土への思いが育《はぐく》まれ、志の種が生まれる。

五、世界の他のどこにもない〝まったく新しい独自の民主主義体制〟を考え、実現させる。元首は天皇のまま、首相を国民の直接選挙で選出することにより、国民の政治への関心を飛躍的に高めることができる。米大統領と同じく任期四年、最大二期とし、現在より大きな権限を与えて改革を断行させるべし。

日本の国政選挙における投票率は、ご存じの通りかなり低い。政治に対する〝熱〟も、アメリカや韓国、ひまわり学生運動の台湾（二〇一四年、台中間のサービス分野の市場開放を目指す「サービス貿易協定」に反対する学生たちが国会を占拠）、民主化運動の香港（二〇一九年、主催者発表で最大二〇〇万人規模のデモ）などと比べると、明らかに低いように思われる。そこで、首相を直接国民が選ぶことができる「首相公選制」を導入してはどうだろうか。

長期ビジョン／10年計画

五、世界の他のどこにもない〝**まったく新しい独自の民主主義体制**〟を考え、実現させる。元首は天皇のまま、首相を国民の直接選挙で選出することにより、国民の政治への関心を飛躍的に高めることができる。米大統領と同じく任期四年、最大二期とし、現在より大きな権限を与えて改革を断行させるべし。

六、**革命的な少子化対策を実行**し、子供の数を劇的に増やす一方、高齢者への社会保障のコストには大ナタを振るい持続可能な方法を国民と一緒に追求する。また公教育も大改革して、イノベーション力を持つ魅力的人材を育成する。

七、高度人材が海外へ逃げて行く現在の**日本の税制**を根本から見直し、高すぎる最高税率を下げ、逆に税金を払わない人の数を大きく減らす（消費税の免税の廃止、その他）ことにより税収を増やす。また全員が税金を払うことにより税制についての国民の関心を高める。

八、日本人が苦手とする**危機管理**に関する教育を国家ぐるみで行ない、そのスペシャリストを養成し、さらに危機管理庁の設置による有事（戦争、パンデミック、大災害、他）への即応態勢を強化し、国民の安全を守る。

新・船中八策

（前文）悪しき旧弊を拭い去り、明治維新以来永きにわたった中央集権制度の弊害を一掃すべく、勇気ある大改革に総力を挙げて取り組むべし。それをなし遂げなければ、この国に未来はないと思え。そのために、

一、**民度**の底上げを実現し、国民がバラ撒きを求めるのではなく、辛くて厳しい「本物の改革」を受け入れる下地を作るべし。

二、次の時代を切り拓く、**イノベーション**（革新的技術）力を国家としてつける方策を考えよう。

三、政府の借金をひたすら膨張させ続けてきた体質、やり方を改善し、**財政破綻を回避**するための策を緊急に講ずべし。

四、現在の中央集権、東京一極集中を改め、本格的道州制へ移行する。**地方分権をはるかに超えた**独立国家の集合体としてのユナイテッド・ステーツ・オブ・ジャパン（U・S・O・J）を実現する。各州ごとに独自の税制（税率）、法律を持ち、相互に競争させる。

ただし、ただ単に国民が直接国のトップを選べるようにすれば良いということではもちろんない。いろいろと、考えねばならない点がある。

まず、本当に政治への関心が高まるか、という問題だ。二〇一〇年代のOECD諸国の国政選挙への投票率は九〇%台の国から五〇%前後の国までかなりの幅があるが、日本と並んで投票率の低い国はフランス・アメリカ・韓国。いずれも国民が直接、国のトップである大統領を選ぶという選挙制度の国だ。今回のアメリカ大統領選挙は、ヒートアップした結果一二〇年振りの高い投票率になったが、それでも六六・四%だ。だから、首相公選制にしたからといって必ずしも政治への関心が高まるとは言えない。

また、衆愚政治が一層進む可能性にも注意が必要だ。二〇一九年、ウクライナの国民は、テレビドラマで大統領役を務めた人気コメディアン・ゼレンスキー氏を圧倒的支持で大統領の地位に就けた。しかし、一年も経たずしてゼレンスキー氏は馬脚を現してしまう。親露派武装勢力との和平交渉は停滞し、政権内部ではスキャンダルが続出。そこにコロナ禍が降りかかってきて、支持率はあっという間に急落してしまった。

外部から客観的に眺めれば、そもそも「テレビドラマで大統領役を務めた人気コメディアン」に本物の大統領が務まるわけないだろうと思わざるを得ないが、民衆というものは政治を行なう実際の力など判断できず、往々にして受けのよい人気者に票を投じてしまうものだ。

そして、私たち日本人も決してウクライナ国民を笑えない。日本でも住民が直接選ぶ知事選挙では、為政者としての力量はないタレントが、高い知名度によってしばしば当選しているのは読者の皆さんもご存じの通りだ。

そして、権限の問題。今回のコロナ対応で改めて明らかになったが、今の日本の首相（政府）は、国民にお願いするばかりで権限がなさすぎる。だから権限を拡大すべきだと考えるが、それも程度の問題だ。

直接選挙による大統領制を敷《し》いているお隣・韓国では、歴代大統領が自身や家族の収賄や不正蓄財・脱税などを糾弾され、有罪判決を受けたり自殺に追い込まれたり悲劇的な末路を辿る者が非常に多い。これは、韓国大統領は行政権全般だけでなく立法権や司法権の一部にも影響を与えるほど強大な権限を与えられているため、大統領周辺ではどんな不正でもできてしまうためだ。そして政権が交代すると、今度は絶対的な力で前の大統領を糾弾できるような制度になっていることが一因だと言われている。今の日本のように、緊急事態にあっても首相や政府が国民にお願いすることしかできないような制度も考えものだが、韓国のように三権分立が成立しているのかさえ疑わしいような権力集中制度は、絶対に避けねばならない。

また、国民の分断という問題にも注意が必要だ。今、アメリカなど世界の多くの国々で「分断」が問題になってきている。今回のアメリカ大統領選挙を見ていても、その雰囲気は顕著であった。そういう時、政治的対立を超えた中心の存在は重要だ。これは、龍馬が生きた幕末にも通じる。だから龍馬も、『船中八策』の筆頭に「朝廷」を掲げたのだ。今は、天皇は政治に関わる存在ではないが、国の象徴であると共に国を代表する元首であると明記すべきであろう。

そして、もう一つ。選挙制度を変えるだけでなく、価値観も変えるべきではないかと思う。それは幸せに対する価値観だ。「カネがあれば幸せだ」——こういう価値観の国民が首相を選べば、国民へのバラ撒き首相が誕生する。それではこの国は一向に良くはならない。これも石破氏が言っていたことだが、一つブータン王国に学んでみてはいかがだろうか。

ブータン王国は、お世辞にも豊かであるとは言えない。一人当たりGDPは三三五七ドル（二〇一九年）。四万二五六ドルであるわが国の一二分の一しかない。しかし実はブータン王国は、GDPをものさしにしていない国なのだ。ブータン王国が指標にしているのはGNH。GNHとは「国民総幸福量」。一九七二年に当時のワンチュク国王が提唱した、いわゆる〝幸せの指標〟だ。ブータン王国（立憲君主国）はこの概念に基づいて政治が行なわれ、国民は生活している。そして中心に存在する王室は慈悲深く、国民は王室を仰ぎ敬愛している。幸せというのは、心の問題だ。そうだとすれば、こういうところにこそ幸せはあるのではないだろうか。

ブータン国立研究所所長であるカルマ・ウラ氏（オックスフォード大学・エ

ジンバラ大学で政治学・経済学を学んだ人物である）によれば、ブータンでは苦しんでいる人たちのために祈る人が僧侶だけでなく一般にもたくさんいるという。そしてＧＤＰについてこのように述べる――「ＧＤＰの巨大な幻想に気付く時がきているのではないか」。

今の日本は、何でもカネだ。苦しんでいる人の問題もすぐカネに直結する。国が出す金額が少ないと「国は死ねと言うのか！」と騒ぎ立てる。そこには、慈悲も敬愛も祈りもない。平和はなく、あるのは不平不満ばかりだ。幸い、日本にもブータンと同じく慈悲深い皇室がある。そして皇室の祖先である天照大御神を祀る伊勢神宮の内宮（皇大神宮）は、自分の願いごとは祈らないお社、恵みに感謝を捧げるお社なのだ（ご存じだったろうか）。

日本には、ブータンと同じ土壌はある。貧しくなれというのではないが、ＧＤＰに囚われることなくブータンのように「幸せ度」を中心に据えてみてはどうか。そして、国のため人のために祈り、喜んで働けば、豊かなブータンがこの日本に実現できるのではないだろうか。

六、革命的な少子化対策を実行し、子供の数を劇的に増やす一方、高齢者への社会保障コストには大ナタを振るい、持続可能な方法を国民と一緒に追求する。また公教育も大改革して、イノベーション力を持つ魅力的人材を育成する。

これに関しては、財政・税制と併せて第六章で詳述するが、少子化対策に関してもーつだけ先に述べておきたい。

それは、政府が（政府だけでなくいわゆる有識者一般もだが）少子化対策として打ち出す方向性がそもそも根本的におかしい、ということだ。

政府は「子育てにはこれだけお金がかかるから支援しましょう」とか「子育てをすると働くことが制約されてしまう」といった負の側面を指摘しながら、「だからこういう少子化対策を実施します」と言う。東京大学大学院教授で『これが答えだ！少子化問題』（ちくま新書）などの著書のある赤川学氏は、そういう風に政府が打ち出すことによって国民の「生活期待水準」が上昇し、より結婚や出産を敬遠するようになっているという。つまり、これは政府だけではないが、マスメディアもネットメディアも一緒になって「子育ての（費用）負担」

などと負の側面を強調する。それが摺《す》り込まれ、国民も「大変だ」と思うようになる。その結果、少子化には歯止めがかからないと言うのだ。

私は大いに一理あると思う。子供がたくさん生まれていた時代、今のような「子育て大変論」はまったくなかった（子育てに関する悩みはもちろん当時もあった）。生活水準は今よりずっと低くても、子供を産み、育てるのは当たり前のことだった。ちなみに、団塊ジュニア世代が生まれた頃（一九七一～七四年）、インターネットや携帯電話がないのはもちろんだが、まだほとんどの家にエアコンも電子レンジもなかった。今なら、たとえば政府が被災者にそんな住宅を用意したら「死ねと言うのか！」とごうごうたる非難を浴びることだろう。しかし、当時はそれが当たり前だからそんなことは思わない。しかも、当時は奥さんは専業主婦で旦那は「モーレツサラリーマン」。完全週休二日制の会社などまだほとんどなかった。「イクメン」なんてことを万が一会社で言おうものなら呆れられ、もう二度と会社ではまともに相手にされなくなったであろう時代だ。今とどっちが子育てが大変だったかは、金銭面・環境面・時間の面、いずれにおいても明らかだ。にも関わらず、当時はそんなことは誰も考えず、たくさんの子供を産み育てていた（当時、合計特殊出生率は二・〇を超えていた）。

今は、「今の時代は子育てが大変」と政府もマスメディアもネットメディアも、誰も疑わずにそう主張する。確かに核家族で子供を育てることは、同居の大人の手が減ったという面では大変なことであるのも事実だ。しかし、その分以前にはなかったサービスも増えている。今の常識的な発想を疑ってかかり、社会全体が子供を歓迎し、社会で子育てを担う風潮を作らなければならないのだ。

七、高度人材が海外へ逃げて行く現在の日本の税制を根本から見直し、高すぎる最高税率を下げ、逆に税金を払わない人の数を大きく減らす（消費税の免税の廃止、その他）ことにより税収を増やす。また、全員が税金を払うことにより税制についての国民の関心を高める。

これに関しては、少子化対策・財政と併せて第六章で詳述するが、税制を考える時の根本はこうでなければならないという点だけはまず指摘しておきたい。

今の政治は大衆迎合主義。だから、大衆課税である消費税率はなかなか上げられず、共産党や立憲民主党はもちろん自民党までお金持ち課税を強化する方向で進んでいる。しかし、私は断言する。その方向性はダメだ。

なぜダメか――まず、それではどんなにやっても税収が足りない。これはリベラル派の財政学者・井手英策慶應義塾大学教授などが明らかにしている。論拠はあまりにも明確だ。井手氏は言う。「年収約一二〇〇万円以上の人たちの所得税率を一％上げたとしたら、一四〇〇億円にしかなりません」（井手英策著『いまこそ税と社会保障の話をしよう』東洋経済新報社刊）と。一〇％上げて一兆四〇〇〇億円。五〇％上げたとしても（こんなのは流石に絶対あり得ないが）たかだか七兆円の税収増ということだ。一般会計予算が一〇〇兆円を超えて膨らみ続ける今日、こんなのは真に意味のある税制議論ではない。

しかも、もしこんなお金持ち重税を本当に実行すれば、今の世の中、お金持ちはどんどん海外に出て行ってしまう。世界には、そういうお金持ちを喜んで迎えようという「タックス・ヘイブン」（租税回避地）がしっかり存在するのだ。

二点目に、今日、政府のお金の使い道における断トツのトップは社会保障関係費だ。国家予算の中で社会保障関係費は三四・九％と歳出の三分の一以上を占める（令和二年度一般会計予算。補正は除く）。さらに言えば、歳出の中で社会保障の次に大きいのは国債費（二二・七％）であるが、ここ一五年ほど国債発行増加の主要因は社会保障関係費の歳出増加だ。つまり、国のお金の使い道の半分は社会保障なのだ。社会保障のためのお金は全国民が受け取るものだから、全国民で負担するのが当然だ。

わが国で選挙制度がスタートした一八八九年（明治二二年）。選挙権があったのは一定額以上の国税を収めている者だけであった。今日においても、たとえば株主総会はその会社にお金を出した人にしか議決権はない。議会を税金で集めたお金の分配の仕方を決めるところだと考えれば、納税者にしか選挙権を認めなかった明治の選挙制度にも一理あると言えよう。

少なくとも、「税金を払うのは嫌だが、社会保障を受ける権利はある」などという身勝手な国民に媚びる税制は、亡国への道以外の何物でもない。全国民が、享受する社会保障相応の税負担もする。そういう当たり前の国家を目指さねばならない。

一つ、モデルとなる国を挙げよう。南半球の楽園、ニュージーランド（以下NZ）だ。私の熱心な読者はもうNZにもお詳しいだろうが、多くの日本人にとっては「オーストラリアの隣にあるラグビーが強い国」くらいのイメージしかないであろう。しかし実は、この国は経済・財政でも見るべきものがある国なのだ。

まず一人当たりGDPだが、これが四万一五九三米ドルである。日本が三万八四三九米ドルだから、NZの方が一割近くも高いのだ（二〇一七年IMF調べ）。そして財政だが、二〇二〇年こそコロナ禍で大幅な財政赤字になる見通しだが一九九〇年代半ば以降、ほぼ均衡を保ってきた。だからこの一〇年の政府総債務のGDP比を見てみても、三〇％台前半で安定的に推移している。二〇〇％を超えて、さらに止まるところを知らないわが国とは雲泥の差である。

そのNZの税制の基本的スタンスが、「みんなで負担する」なのだ。たとえば所得税の最高税率だが、NZは三三％と先進国中最低レベルだ。そして、この最高税率が適用されるのが七万ＮＺドルを超えた所得に対してなのだが、七万ＮＺドルというのは円換算すると五〇〇万円程度に過ぎない。つまり、ちょっと稼いでいるサラリーマンならもう最高税率の対象になるということだ。

一方、わが国はというと、地方税を合わせると最高税率は五五％。これは、世界でスウェーデンに次いで二番目に高い。もちろん、ただこの数字だけ見てわが国が重税国家だと言えるものではない。この税率が課せられるのは、課税所得四〇〇〇万円超の部分だけであるから、対象になるのはごくごく限られた超リッチな人だけだ。しかし、こうも言える。どこの国でも喉から手が出るくらい欲している高度人材――たとえば超先端技術の研究者などだが、こういう人材は億の金を払ってでも欲しいものだ。だがその時、世界でもトップクラスに高いわが国の最高税率がネックになるのだ。高い税金を嫌気してそういう人材が海外に出て行ってしまっても、何らおかしくはない。わが国は、そういう税制になっているのだ。

消費者なら誰もが負担する消費税率も、ＮＺは一五％とヨーロッパほどではないがわが国よりは五％高い水準で固定されている。こうして、国民皆が負担する税制がうまく機能し、ＮＺは財政は安定していて経済成長も続けている（一九九三年以降で成長率が日本を下回った年は一回しかない）。わが国は、謙虚にこういう国の税制に学ぶべきであろう。

八、日本人が苦手とする危機管理に関する教育を国家ぐるみで行ない、そのスペシャリストを養成し、さらに危機管理庁の設置による有事（戦争・パンデミック・大災害、他）への即応態勢を強化し、国民の安全を守る。

これに関してはコロナ対策も併せて第四章で詳述するが、一点だけ手短かに先に述べておこう。それは、憲法に「緊急事態条項」を設けることだ。

これは、世界の憲法の常識だ。今回のコロナが緊急事態に該当したのかどうかは議論が分かれるところだが、戦争か巨大災害かスペイン風邪並みの疫病かはわからないが、緊急事態はいつか必ずやってくる。そういう時、国家が迅速に対応するためには、一時的に私権を制限するのはやむを得ない。本当の緊急事態にあって皆が私権を主張すれば、大混乱は必至だ。今回のコロナ禍でも、欧米各国は私権制限をしたではないか。独裁国家のように権力者が恣意的に私権を制限するという話ではない。あくまで、緊急事態にできる限り秩序を保ち、多くの国民を守るためにである。民主的に憲法にそれを定めればよい。

以上、龍馬にならって、また龍馬が現代に生きていたらこう考えるのではないかと考えながら『新・船中八策』を記した。次章以降で詳細を述べて行くが、これはあくまでたたき台である。これに対して、多くの皆さんのご意見・お声を頂戴できれば幸いである。

第三章　ユナイテッド・ステーツ・オブ・ジャパン

「新しい国の形を作る」ために

近代以降、日本は極めて大きな大転換点を二度経験した。一つは一九四五年の太平洋戦争敗戦とＧＨＱの進駐、そしてもう一つは江戸幕府末期に到来した黒船に端を発した一八六八年の明治維新だ。いずれも天地がひっくり返るほどの大転換であり、社会は混乱し多くの人々に苦しみももたらしたが、しかしその後日本はそれまでよりも躍進し、国民はその繁栄の果実を謳歌することができた。

翻って現在、日本が置かれた状況は極めて厳しい。第二章で見た通り、バブル崩壊後の「失われた三〇年」によって社会は停滞し、グローバル化とＩＴ化の進展に取り残される形で少子高齢化による国力の低下と莫大な財政債務が重くのしかかっている。恐らく、このまま行けば日本は完全に没落し、台頭目覚ましい中国に呑み込まれ国家消滅すらしかねないだろう。私たちの祖先が時に苦労して外国の侵略を排し、また襲いかかる天災から幾度も立ち上がって二〇〇〇年以上も守り抜いてきた日本という国を、果たしてこのまま何もなさずにやすやすと手放してよいものか。私は、断固として阻止すべきであると考える。そのためには、現状のぬるま湯から脱却する大きな変化が必要であろう。

そこで私が注目したのが、「新しい国の形を作る」という方法だ。太平洋戦争の敗戦と明治維新ではいずれにおいても国が大きく変化したが、私は「新・船中八策」の四つ目の策として、明治維新に伴って行なわれた「廃藩置県」の意義に注目し、すでに様々に議論がなされている「道州制」の導入を改めて提起する。

国を変える「道州制」とは?

道州制というと、読者の多くは二〇〇〇年代半ばに盛んに議論され、関連法案が国会に提出される直前まで進んだ経緯を思い出すことだろう。導入反対派の根強い抵抗、その後の五輪誘致のお祭り騒ぎ、そして二〇二〇年には新型コロナウイルスの世界的流行と様々なトピックにかき消され、現在ではあまり注目されていないテーマという印象だが、実はこの「道州制」は古くは明治時代から時代の節目で議論されてきたテーマである。

江戸時代の幕藩体制を廃し、欧州の統治制度を参考として立ち上がった明治政府は、地方に県を設置して新たな統治体制を敷いた。その明治政府は、度重なる地方の反乱もあって、県よりも広域な行政体を設置することには後ろ向きであった。大きな地方が力を付ければ再び政府が転覆しかねず、その混乱に乗じて欧米諸国に付け入るスキを与えかねないためだ。

しかし一八八六年、人口が希薄であった北海道の三県（函館・札幌・根室）を廃し、北海道庁を設置する。これ以降、日本の海外進出に伴い台湾や樺太、朝鮮などに「府庁」が設置されたことで、府県の小ささがダイナミックな経済政策上の障害になるとして府県を束ねたより広域な行政体の設置が議論されるようになった。北海道以外の六州（仙台、東京、名古屋、大阪、広島、福岡）

にする案や全国に一〇道を置く案なども審議されたが、しかしながらいずれも具体化には至らなかった。中央政府の行政権限の一部については地方移譲が困難であることや、大都市圏と周辺地域の経済格差の増大懸念などから地方の反対が予想されることなどがその理由とされている。

戦後においても、ＧＨＱ占領下で内閣に行政調査部が置かれ、道州制や広域行政機関としての「地方行政庁」が検討された他、高度経済成長期には都市と地方の経済格差拡大や過疎化問題に伴う論議がなされている。

ただ、その都度反対派の意見に圧され、実現には至らなかった。バブル崩壊後から二〇〇〇年代半ばにかけての道州制論議は、実現に向けてあと数歩というところまで機運が高まったが、国民の実感として「お金と手間をかけてまで道州制にして何が良くなるのか見えない」という疑問や、「逆に暮らし向きが悪くなるのでは」といった不安があり、また既得権益者である官僚や政治家からの強力な反対もあって結局実現には至らなかった。

ごく最近では、「大阪都構想」を掲げて大阪で二度にわたる住民投票が行なわれたが、いずれも僅差《きんさ》で否決される結果となっている。「大阪市という名前がなくなる」「暮らし向きが悪くなる」「府と市が両方あって何が悪い」など、ここでもやはり否定的な意見が現状維持を選択した格好である。

実はこの「道州制」というテーマは、単に「大きな自治体を作りましょう」という簡単な話ではない。一言で言えば、政府運営の権限と財源を大幅に組み替えるという一大事業である。当然、その直接の利害関係者である政治家や官僚にとっては由々しき問題であり、また企業や個人に至るまでおよぶ影響は甚大である。私たちの生活レベルで見ても、今までは「行政にお任せ」でやらなかったことを場合によっては自分たちで工夫し、汗をかきながらやることが必要となるかもしれないのだ。

このように、自分たちにも不利益がおよぶかもしれない話と言えば、大半の人は反対するかもしれない。そうでなくても、人間は現状を捨てる決断はなかなかできないものである。ではなぜ、そんな不利益を被ってまで道州制を進める必要があるのか。それは、道州制が日本の滅亡に繋がる二つの巨大な問題、

「財政債務解消」と「経済成長」に極めて有効な処方箋となり得るからだ。

中央集権体制という軛《くびき》

明治政府の成立以来、現在まで続く統治体制は「中央集権」を基本としている。国家統治、行政運営に関するあらゆる権限は中央政府に集約され、都道府県と市町村は中央の権限に従って実施して行くという体制だ。江戸幕府が倒れ、明治政府になった経緯を考えると、この中央集権型の国家体制は非常に理にかなったものだったと言えるだろう。一九世紀半ば、東アジアは欧米列強の襲来に遭い、大国中国でさえも壟断《ろうだん》（利益、権利を独り占めにすること）の限りを尽くされた。日本も同様に開国を迫られ、これを排除すべく攘夷《じょうい》論が高まったものの、圧倒的な武力差を前にやむなく開国するに至って、国の体制を大きく変える必要が出たのだ。

江戸幕府が取っていたのは「幕藩体制」と呼ばれるもので、幕府が最高機関でありつつ、地方の藩にある程度の統治権限を持たせた「緩《ゆる》やかな」統治機構である。地方の独自性と多様性を活かした統治がなされる反面、黒船のような「国家レベル」の危機に対応するには権力が分散しすぎて十分な力を発揮できないという弱点があった。実際、一八六三年には「生麦事件」に端を発した「薩英戦争」が勃発したが、この時の戦争主体は薩摩藩という一《いち》「独立小国家」によって行なわれている。現在なら、鹿児島湾で戦闘が始まれば「日本との戦争」になるわけで日本が総力を挙げて戦うことになるが、当時は「分権国家」であったため、そうした対応はなかったのだ。

その後、他の東アジア各国が次々と植民地化されるのを目の当たりにし、強烈な危機感を抱いた明治新政府は、欧米列強に伍するため「殖産興業」「富国強兵」を掲げ、日本全体を束ねて国力強化を図った。これを推進するために、統治機構は従前の「緩《ゆる》やかな分権統治」ではなく、中央集権体制の方が都合がよかったわけだ。その結果は、歴史を見れば一目瞭然である。急速に近代化が進み国力が増大した日本は、列強に伍するほど強大になり、ついには日清・日露の両戦争に勝利するまでとなったのだ。

東アジア随一の大国となった日本は、しかしながら新たなる野望に取り憑《つ》かれ、そしてくじけてしまう。欧米列強の支配からアジア圏を開放する「大東亜共栄圏」という大義を追い求め、圧倒的な国力差があるアメリカとの戦争に挑んだ結果、一九四五年には人類史上いまだ二例しかない原子爆弾による本土攻撃を受け、完膚なきまでの敗戦を喫したのだ。

太平洋戦争の敗戦後、ＧＨＱの進駐により非軍事化と民主化を目指して憲法をはじめとする法律、行政機構から産業に至るあらゆる体制変更が図られたが、しかしこの時中央集権体制は大きく変えられることはなかった。アメリカが企図する民主化には、地方への分権化という項目も含まれていたといわれるが、ＧＨＱは占領政策の遂行において中央集権体制がやりやすかった側面もあったため、改革は中央省庁解体にまではおよばなかったのだ。

日本は、敗戦と深刻な物資難というどん底から「中央集権」「官僚主導」によって再び急速な復興をなし遂げる。中央が産業政策を決め、富の再分配を行ない、高度な社会インフラを整備した結果高度経済成長を実現し、ついには覇権国家のアメリカにも迫るほどの経済大国にのし上がったのだ。

おそらく、近現代日本のここまでの歴史において、中央集権体制は極めて有効に機能したと言えるだろう。あくまで仮定の話だが、幕藩体制を維持したままでは開国後に急速な国力増強はなし得なかっただろうし、一部の地域は列強諸国の植民地と化していたかもしれない。また、戦後においても中央集権的な社会・産業政策がなければ「規模の経済」が働かず、大企業も育つことはなく、したがってあれほどの高度経済成長はなし得なかっただろう。

しかし、この「中央集権型統治」が機能したのはここまでだった。「中央がものを決める」という方法は、国が一丸となって均質化、効率化を目指す段階ではうまく行きやすい。また、人口動態が増加し続ける状態であれば、経済成長も維持されるため統治、行政運営にかかるコストの問題が顕在化しにくい。しかし、ひとたび社会が成熟し人口の増加も止まってしまうと、その弊害が途端にあらわれるようになる。特に日本の場合、急速な少子高齢化によって「規模の経済」が期待できない上、高度成長期に整備された高速交通インフラの影響から人口の「東京一極集中」が深刻化しており、これが問題をさらに難しくしている。いわゆる「ストロー効果」と呼ばれるものだ。

東京に代表される便利な大都市圏を目指して特に若者が移住すると、そこには規模の経済が働いて経済がより発展する。そして、あらゆる娯楽や仕事が人と共に大都市に集約されるため、移住したい人々がさらに吸い寄せられて行くという循環ができ上がるのだ。これによって生じる「都会」と「田舎」の格差は、今や絶望的なまでに深刻だ。またこうした不均質な社会情勢によって、行政へのニーズは地域によって極めて多様化、複雑化している。

こうした現状に対して、中央の画一的な政策ではもはや需要を十分には拾い上げられない。極端な例だが、たとえば田舎の森を切り開いてクマやシカしか通らない大道路ができる一方、そこに住む高齢者が必要とする「巡回バス」のような介護サービスは一向に巡ってこない、といった不幸なことが全国で起きているのだ。

明らかに「中央がものを決める」という統治体制は、機能不全を起こしている。しかもひどいことに、こうした「お門違いの行政サービス」を血税だけではまったく足りないので、国（と地方自治体）が借金に借金を重ねてやっているのだ。このままでは、借金まみれで日本が総倒れになるのは時間の問題だ。これを回避し、そして地域の実情に根付いた行政を実現するならば、「地元に必要な行政は地元が決める」「地元の財布でできることをやる」という考え方こそが今、最も必要とされるものなのだ。

無論、こうした時代の変化に日本政府が無策だったわけではない。いくつかの行政改革によって小変更を行ない、何とか改善を図ってきた。日本における行政サービスは中央省庁が主導して政策を立案し、実施は都道府県に委託し市町村などが実施するという仕組みを取ってきた。これを「機関委任事務制度」というが、前述の通り時代のニーズに合った行政遂行が難しくなったこともあり、二〇〇〇年の地方分権改革によってこの制度は廃止された。

従来は、都道府県を通じて行なわれていた行政事務などは大幅に市町村に移管され、また権限も拡大したのである。さらに、人口規模が大きい市については「政令市」と「中核市」の制度適用を拡大し、府県に近い行政権限を担える変更もなされた。今や、人口の四割がこうした都市部に住むという状況で、必然的に大都市自治体が相応の権限を持ったのは自然の流れだった。一方、県の位置付けと仕事は相対的にどんどん小さくなって行ったのである。こうした中で顕在化してきたのが、「二重行政」という問題である。

船頭二人いれば船沈む

「二重行政」問題の最たる例とされるのが、「大阪都構想」に揺れる大阪府と大阪市だ。大阪市は、一九五六年の政令指定都市制度発足時からの政令市であるため、「二重行政」問題は長年取り沙汰されてきた。中でもよく取り沙汰されているのが、府と市が同じハコモノを競うように作ってきたという無駄な公共投資だ。

大阪市の新都心構想によって建てられた「ワールドトレードセンタービル」（WTC）と関西国際空港開港による周辺施設開発構想で建てられた「りんくうゲートタワービル」（GTB）は、互いにその高さを競いながら莫大な公費を投じ（二つ合計で一六〇〇億円強）、いずれもバブル崩壊後に破産（WTCは二〇〇三年、GTBは二〇〇五年）している。この他にも、大規模会議場施設である「グランキューブ大阪」（大阪府）と「インテックス大阪」（大阪市）、男女共同参画を目指す拠点施設である「ドーンセンター」（大阪府）と「クレオ大阪中央」（大阪市）など、ほとんど目的が同じと思われそうなものが二つずつ建てられているのだ。さらに、府立と市立で中央図書館も二つある他、大病院や公衆衛生研究所、大学、高校、消防学校、公営住宅、港湾に至るまで見事に二つずつ存在する。ここまでくると、もう笑い話である。

その結果として、大阪市、大阪府共に莫大な債務が積み上がる結果となった。これほどの無駄遣いをしてきたのだから、当然と言えば当然だ。税収に対する債務のアンバランスさはさすがに中央政府ほどではないが、一時は「第二の夕張市」とまで揶揄される状況だった。ただ、大阪市は人口も企業も多く十分な税収も期待できるため、近年では徐々に債務残高を減らしつつある。大阪市は税収が一・七兆円規模だが、平成一六年（二〇〇四年）当時五・五兆円もあった債務が、平成三一年（二〇一九年）には三・五兆円に削減される見込みとなっている。

しかし、一方の大阪府は厳しい状況が続いている。税収が一・五兆円台を推移しているのに対し、府債は平成二九年（二〇一七年）で六・二兆円程度であり、平成二〇年（二〇〇八年）の五・八兆円からじりじりと増えている格好だ。これを構造的に見ると、大阪府のドル箱である大阪市が周辺地域から人・モノを吸い上げて借金返済を進める一方で、府は大阪市抜きで十分な収益を上げられず財政が行き詰まり状態にあると見ることができる。この構造的問題も、道州制を検討すべきポイントの一つだ。つまり、大都市と周縁地域の経済格差をうまく埋め合わせる機能が、現状の中央政府↓都道府県↓市町村という構造では働いていないということだ。

さて、大阪のこうした重複施設の問題は、典型的な二重行政の弊害と言えるだろう。ハコモノの設立権限がそれぞれにあり、財源もあるためにこうしたことが起きるわけで明らかに制度的な問題と言える。現在は、府市いずれの長も大阪維新の会がおさえていることでこれらの重複施設は統合・合併が勧められ一本化が進められているが、今後また別々の政党が首長の座を取り互いに利益誘導のために財源を使えば、同じような問題が再発することは想像にたやすい。

大阪ほどではないにせよ、こうした問題はどの都市においても構造的には起こり得る。また、同じようなハコモノを作るだけでなく産業振興政策や環境政策、河川管理、幼保施設の許認可、職業訓練・紹介などの政策・事務権限などでも重複が起きる。農地転用許可など、ほとんど同じ内容の許認可申請を市町村と県の両方に出す必要があるといった例すらある。

昨今では、こうした「無駄」を排除すべく住民運動が起きたり、地元議員などが地道に活動して是正を図ったりもしている。ただ、こうした対症療法には限界がある。そもそもが構造的な問題であるのだから、それを正さなければ本質的な解決には至らないというものだ。

そして、こうした「二重行政」の背後にもう一つの問題もある。「それは二重政治」とも呼ぶべきものだ。たとえば、二つの政令市を抱える福岡県では、福岡市議が六二、北九州市議が五七の定数とされる一方で、福岡県議は八七となっている。このうち、半数近い三九議席は二つの政令市域に割り当てられているのだ。当然、そこに就任する議員は政令市の住民の利益代表者となる。そこで行なわれる政治が圧倒的に政令市寄りになることは容易に想像できよう。しかも、政令市にはなく県にある権限と言えば、警察権と県民税の課税権程度である。果たして、それだけのために定数の半分近くを政令市域に振り分けるのが妥当なのか。

この「二重政治」問題は、何も福岡県に固有のものではない。政令市や中核市を抱える都道府県では、大なり小なりこうした問題が隠れている。そして、議会運営コストなど政治コストも当然大きくなる。それは当然市民・県民の税金から賄われるわけだが、多くの自治体が赤字転落している現状では、それらを含めて借金をして賄うことになる。最適化を図るのがどう考えても順当であるのだが、残念なことにこれがそう簡単にはなくならないのだ。

役人・政治家たちの悪しき行動原理

普通に考えれば、血税を大切に使い、無駄を排除するのが公僕たる役人・政治家の仕事であるが、現実はそうではない。彼らの評価軸は、実は「いかに大きくカネを使ったか」によって決まるのだ。一般庶民の感覚では「何で⁉」と思うようなことだが、それが彼らの常識なのである。

国や自治体が行なう事業は、すべて予算ありきで組み立てられる。そして、付いた予算は使い切らないといけない。財政法では「予算の単年度主義」の原則が定められており、使い切らなかった分を来年に持ち越すといったことができない。しかも次年度は、節約した分予算を削られることになる。こんなことをすれば、その役人は役所の中で「無能者」扱いとなり、出世は絶望的になるのだ。よく年度末になると、意味のない道路工事が増えたり役所のカラ出張が増えたりといった話を耳にするが、これらはすべて「つじつま合わせ」のために予算を消化している一例である。

また、中央官庁において最も出世する官僚とは、「より予算を多く獲得し、それを使い切る者」である。なぜなら、予算を多く獲得できれば所管業界や都道府県などの所管部局にも恩を売ることも、関係団体に資金を回して天下り先を作ることも容易になるからだ。取った予算の大きさが仕事の大きさ、ひいては自身の評価の大きさにつながるというカラクリだ。

都道府県や市町村の首長もこれは同様で、国からの補助金をより多く取ってきた者が有能とされる。補助金事業は議会の反対がなく承認され、また地元有力者への仕事のあっせんなどで便宜を図ることもできる。もちろん議員も、すべてではないが似たような傾向がある。有権者からの陳情に基づいて市町村や都道府県、あるいは国から予算をもぎ取ってくれれば「おらが議員先生は立派だ」ということになり政治献金も増えようものだし、次の選挙も盤石となる。

こういう構図の中では財政の健全化などという力学が働くはずもない。無駄な支出をおさえ、無駄な事業を削れば、それは官僚や役人、首長たちの評価が下がり出世の道が閉ざされるのである。ましてや、二重行政や二重政治を解消しようなどと言えば、それこそ自分たちの居場所をなくすことにもなりかねない。彼らがあれこれと理由を付けて道州制にケチを付け、現在の統治制度を守りたいのは、端的に言えば彼らの既得権益を侵害されたくないからなのだ。

このような指摘をすると、「役人・政治家はロクなものではない！」とお怒りの向きも多いかもしれない。ただ、彼らを一方的に悪者にするのは卑怯というものだろう。あえて「非役人・非政治家」である私たちにも耳の痛い話をするが、こうした役人が無駄遣いを強いられる状況を野放しにし、あるいは政治家に票を入れるのは、結局は私たちなのだ。それだけではない。無駄に付いた予算が、企業を通じて私たち（あるいは家族）の給料になっている側面もある。

つまり、私たち一般国民も「無駄遣い」の恩恵を受けている部分があるのだ。率直に言って、この国全般にある「隠れた無駄遣い」の体質を正して行くことが「政府債務削減」の最も究極的な課題かもしれない。

「メガシティ東京」は、今や日本最大のリスク

さて、先に「東京一極集中」が問題と指摘した。この点について少し具体的に見て行こう。この問題の発端は、中央集権ですべての権限が東京に偏在しているところに高速交通インフラが整備されたことで、人々が東京に吸い寄せられた（ストロー効果）ことにある。元々東京は、今ほど人口過密都市ではなかった。意外なことに、府県制度が始まった明治時代、最も人口が多かったのは「新潟県」（約一七〇万人）だったのだ。

東京府は兵庫に次ぐ三位（約一五〇万人）で、当時はまだそれほど過密な街ではなかった。しかしその後、日本の人口は約四〇〇〇万人から約一・三億人と三倍超に増加。その間に東京は人口流入が止まらず、なんと約九倍の約一四〇〇万人にまで膨れ上がった。東京圏（東京都と埼玉、千葉、神奈川の三県）

で見るとさらにすさまじく、全人口の約三分の一弱にあたる約三五〇〇万人にもなる。

問題は人口だけに留まらない。東京は日本国土のわずか〇・六％の広さしかないにも関わらず、そこに全人口の一割強の人間が住んでいる超々過密都市なのだ。当然、あらゆるものが東京に集約されることになる。ＧＤＰは日本全体の約二割、税収は四割を東京が占めている。企業の本社の五割は東京にあり、また大学生の四割は東京に在籍している。主要テレビ局、大手出版社もすべて東京にある。つまり、東京単体で軽くそれなりの国が一つ成立するという状態なのだ。

事実だけを見れば「あぁ、そうなのね」というありきたりな感想になりそうだが、これは国家レベルで見ると極めて危険な状態だ。何が危険なのか。まず、日本全体を俯瞰した時に財政上のアンバランスが著しい。東京都の税収は約五・五兆円（地方債などすべての歳入を合わせて約七・三兆円）、都債残高は約四・八兆円弱（公営企業会計なども合わせると約一〇兆円弱）で債務残高は多いものの財政黒字を維持しており、日本一財政が健全な自治体である。予算規模を比較するとスウェーデンに匹敵するほどで、ここだけ見ればもう立派な国家の体である。

東京には日本全国から人が集まり、仕事も消費活動も東京で行なわれる。しかも少子高齢化による人口減少が始まった二〇一一年以降も堅調に東京（あるいは東京圏）への人口流入が進んでいる。乱暴に言えば、地方の活力を生き血のように吸い上げて、自身の繁栄を謳歌しているのが東京の実像なのだ。もし仮に、吸い上げた地方からの人と活力を何らかの形で地方に返すこととするならば、東京もあっという間に財政再建団体に転落すること間違いないだろう。

次に、統治・行政機構、経済、金融、学術、文化、その他あらゆるものが東京中心になっており、万が一首都機能がマヒすれば日本にとって途方もない危機となる。およそ想像するのも恐ろしい話だが、幅広い分野で情報が寸断され、意思決定が滞るだろう。莫大な経済的ダメージが出るだけでなく、今まで東京に流れ込んでいた海外からのマネーも一斉に引き揚げられる。株価や国債先物などの暴落は避けられない。こうなれば、震災復興も難航を極めることとなろう。首都直下型地震の発生も懸念される中、それが現実となる可能性は極めて高いと言わざるを得ない。

震災と類似する話だが、国防上の危険も大きい。これだけ日本のあらゆるものが一ヵ所に集約しているのだから、たとえば核攻撃などの武力行為だけに限らず、テロ行為の標的としても極めて好適である。よく投資の世界では「卵は一つのカゴに盛るな」と言うが、国防でも同じことがいえるだろう。実際、諸外国を見てみると政治中枢と経済中枢が異なる都市にある国も多い。アメリカでは、政治中枢はワシントンだが経済中枢はニューヨークにあるし、中国も北京と上海で機能分化している。こうした国防レベルの対策は、国策をもって意識的になされるべきだ。

東京は、過密化、集約化したことで経済的には豊かだが、一方で生活コストも著しく高くなっている。日本は実質的なデフレ下にあるためあまり意識されていないものの、インフレが到来した時の東京は生活コストが恐ろしく急騰し、大パニックとなるだろう。また、物資供給についてもリスクが大きい。コロナショックを思い出していただきたいが、首都圏では有事のモノ不足が深刻化しやすい。今後、何か甚大なコトが起きれば、戦後間もなくの「モノ不足」以上の極めて危険な状態に陥ることが想定される。そして、それに対処するためのコストも著しく高く付くだろう。

また、「高齢化」の波は東京にも押し寄せる。人の高齢化に対する介護・医療環境の整備も問題だが、そもそもこれだけ大量の高齢者の世話を誰がするというのだろうか。さらに、これだけの人口を支える社会インフラの老朽化も深刻だ。道路、鉄道、建物から電気ガス水道などあらゆるものが耐用年数を迎えつつあり、メンテナンスコストにも莫大な予算が必要となる上、超過密状態ゆえに何かインフラを整備するにも地方に比べて高いコストが必要となる。

そして奇しくも、東京一極集中の危険性を「身をもって知らされる」出来事が起きた。新型コロナウイルスの世界的流行だ。緊急事態宣言によって首都東京も外出自粛が要請され、臨時休業や営業時間を短縮する店が相次いだ。その後感染数が減少に転じると人々は街に繰り出したが、すると再び爆発的感染の予兆が見え始めた。人々は、街中や店舗などで互いの距離の近さにストレスを感じ、マスクを着けなかったり咳エチケットが悪い人にあからさまに敵意を向けたりしている。

その一方、自宅に引きこもり消費の中心を繁華街からネットにシフトした人たちも多い。テレワークが推奨され、実際にほとんどの従業員が在宅勤務にも関わらず従前通り業務が遂行できている企業・業種も出始めている。そして、今まで通りの仕事をしながら感染リスクが比較的少ない田舎に一時避難や中には移住する人まであらわれた。実際、東京を離れても従来の仕事を続けられれば、生活コストを下げつつより充実した生活環境を手にする可能性が広がる。

つまり、コロナという危機的状況によって、図らずもわかってしまったのだ。東京や東京圏に住む人たちは、過密状態がもたらす様々なリスクに日々さらされる一方で、必ずしも皆が東京にしがみつかなければ生活できないわけではないのである。グローバル化によって、世界のあらゆる場所がお互いに関係する世の中になった。ＩＴ化の進展によって、人はバーチャルな意味ではほぼ距離をなくすことができるようにもなった。道具立てをうまく使えば、中央政府も自治体も、企業も個人も東京に縛られずにやって行けるのである。そうとらえ直すと、東京は適度にその規模を縮小し、そのリスクを分散させた方が国益にかなうというものだろう。

日本再生のカギは「多様性」

高度経済成長を経て、今や日本は世界でも屈指の安全、快適な環境を持つ国となった。治安も良く、道路、鉄道、飛行機を使って離れたところにも短時間で移動が可能である。都市圏では電気や水道などのインフラも整備されて衛生的であり、病気やケガに遭っても病院にかかることもできる。

しかしながら、私たちはそれが当たり前かのようにとらえ、些末《さまつ》なことに不足や不便を感じながら生活をしている。もし、テレビなどで途上国の暮らし振りを目の当たりにする機会でもなければ、自分たちがいかに恵まれた、苦労のない生活を謳歌しているかにはまったく思い至らないだろう。

そうした利便性、快適性の一方で、日本は様々なものを失ったと私は感じている。特に大きな問題は、日本社会における「多様性の喪失」ではないだろうか。「規模の経済」によって、どこでも同じものを買い、同じ食べ物を食べ、同じ教育を受けられるようになったが、その代わりに「ここにしかないもの」は次々と消滅して行った。どの街に行っても街並みは大体同じで、文化施設などのハコモノも同じように揃っている。各都道府県には一様に大道路が走り、空港が置かれている。その利用度や経済効果、あるいは地域の実情とは別に「隣県にもあるからうちにも」といった具合にモノが作られて行った結果、均質だが「つまらない」街ばかりになってしまった。

人と文化についても同じようなことが言えるだろう。誰もが同じ教育を受けられる、そのこと自体は悪くないのだが、地域から特徴ある人材は輩出しなくなった。あるのは経済格差と情報格差によって「よく勉強する子」と「あまり勉強しない子」が生まれたことぐらいだろうか。また、「あそこに行かないと経験できない、食べられない、知ることができない」ということも圧倒的に少なくなった。

もちろん、こうした社会の「金太郎飴化」はIT化の進展、グローバル化の加速がもたらした側面もあるため、一概に道州制の土俵で議論するわけにはいかないが、私は少なくともある程度は地域性が色濃く出ている社会の方がこれからの日本のためには良いと考える。それは特に、人口の分散化や観光消費の促進などの観点で恩恵をもたらすだろう。

江戸時代に三〇〇ほどあった藩は、現在の都道府県よりも大きな統治権限を持ってそれぞれの地域を治めていた。現代でいう徴税権や司法権も藩が持ち、幕府は原則的に藩の統治に口出しをしない。幕府主導で全国統一の同じ産物を作らせることもない。もちろん、現代のように大規模な物流網もなければ大量生産技術も工場もなく、作業を効率化する機械などもなかった時代だからやりたくてもできなかっただろうが、それまでの歴史背景もあってそもそも地方を治める藩にあれこれ指図はしづらかったし、また徳川幕府は意図的に中央集権制を布《し》かなかったという側面もある。

しかし、このことが各地域に独自の文化や考え方、教育、特産品などを生むことになった。たとえば教育一つを取っても、全国各地にそれぞれの分野に優れた有名学者がおり、「私塾」を開いて教えを説いていた。当時、最先端の学問の一つである蘭学（ヨーロッパの医学、化学、物理など）の塾は、杉田玄白の教え子である大槻玄沢《おおつきげんたく》が江戸に開いた「芝蘭堂《しらんどう》」の他にも日本近代医学の祖・緒方洪庵が大坂に開いた「適塾《てき》」、ドイツ人医師・シーボルトが長崎に開いた「鳴滝塾《なるたき》」が有名で、蘭学を志す者たちがこれらの地に集った。

江戸幕府が重んじた儒教においても多様性が見られる。家康に仕え朱子学を広めた林羅山《はやしらざん》の系譜は東京にあるものの、四国では「南学」と呼ばれる独特な儒学が発展する。封建道徳の実践に重きを置いたこの学問は土佐藩の藩学の中心となり、のちの人物形成に大きな影響を与えた。また近江国には「近江聖人」と呼ばれた中江藤樹《なかえとうじゅ》が陽明《ようめい》学を広め、京都出身の熊沢蕃山《くまざわばんざん》、大坂の大塩平八郎と系譜を辿る。彼らは幕府に批判的な姿勢に特徴があり、これがのちの明治維新にもつながって行く。

また、幕末に台頭した尊王攘夷論は水戸藩の藩校である弘道館の教育理念から形成された水戸学の影響が大きい。水戸学は儒学思想を中心としつつ国学・史学・神道を結合させたもので、ここから生まれた「愛民《あいみん》」や「敬天愛人《けいてんあいじん》」といった思想は吉田松陰や西郷隆盛など幕末志士たちをも感化し、明治維新に向かう大きな原動力となった。

このような教育の違いは、藩の人材育成方針にもあらわれ、藩それぞれの歴史的背景とも相まって人々の気質も形成している。最も典型的なのは、幕末から明治にかけて志士たちを輩出し、近代日本の形成に大きな役割を果たした薩長土肥（薩摩藩、長州藩、土佐藩、肥前佐賀藩）の気質の面白いほどの違いようだ。

まず、薩摩藩を見て行こう。薩摩の人と言えば、西郷隆盛に代表されるような「勇ましい」「一本気」「義理人情に厚い」「リーダー気質」というイメージが先行するだろう。また「薩摩隼人《さつまはやと》」と言えば、勇猛で敏捷《びんしょう》、命知らずの武人集団として恐れられた。こうした気質は、実は元々彼らが持っていたのではない。薩摩藩は、島津家が一二世紀頃から治めてきた由緒正しい名家であり、藩士の子供たちには徹底した教育を行なったことで有名だ。「敵を見て死を恐れるな」「弱者いじめをするな」といったことから始まって、まさに「薩摩隼人」の気質そのままの藩士たちを育成してきたのだ。

一方で長州藩の人たちは、怜悧《れいり》で権謀術数《けんぼうじゅっすう》に優れており、弁が立つ「切れ者」というイメージで語られる。「冷たい人」「非人間的」などという指摘もあるが、政治力があり議論好きで、歴代の総理や政治家も多く輩出している。明治維新の思想的原動力になった吉田松陰や奇兵隊を創設した高杉晋作は、まさに「長州人」の代表的なイメージだろう。実は、この気質も長年の教育と歴史背景に育《はぐく》まれている。中国地方の一大勢力であった長州毛利家は、関ヶ原の戦いで西軍に付いたことから版図を三分の一に縮小され、抱えていた多くの武士たちが農民に落ちた背景から階級意識の薄い藩だったという。また、多くの家来を養うため積極的に産業育成を行なってきた。教育面では、幕府のお仕着せ教育を詰め込むのではなく、「自ら考え、議論し、学ぶ」ことを重んじたという。司馬遼太郎によると、書生のような「議論好き」の気質の者が幕末の長州藩を牛耳っていたそうだ。

これら薩長の人々の気質が明治維新の原動力になったことは疑いようがないが、一方で土佐藩の気質はこれとはまたまったく異なる。土佐出身の有名人と言えば何と言っても坂本龍馬だが、かれもまた「土佐気質」を体現したと評される。独立心が強く、自由を愛し、藩や官に長く仕えることを良しとはしない考え方、時が至れば下野してコトを起こすという気概は、これも土佐の歴史と教育の賜物と言える。土佐藩では、前述した「南学」と呼ばれる独自に発展した儒学を教えており、また関ヶ原で敗れた土佐長曾我部《ちょうそかべ》氏の家来たちは、徳川家や山内家（長曾我部家のあとに土佐藩に遣わされた）を「お上」とは認めず、ひそかに自らを頼む精神を守り続けたという。日本における自由民権運動の祖・中江兆民を輩出したのも、龍馬が土佐藩を抜け脱藩浪士を集めて「海援隊」

を立ち上げ商社にも海軍にもなり得る組織を作ったのも、土佐気質があってこそというものだ。

そして、その龍馬は「水と油」のような薩長をつなぐ同盟にも関与したわけだが、彼は最後まで権力簒奪《さんだつ》を志向しなかった。権力に縛られるのを嫌い、土佐人らしい自由独立を志向したのだ。彼が本当に目指したもの、それは小さな島国に留まらない、海外を相手にした貿易だった。討幕は、あくまでそのための手段にすぎなかったのだ。

さて、最後に肥前佐賀藩を見て行こう。彼らのイメージは、「勤勉で実直」「事務官タイプ」「実務能力」というものだ。実際、明治新政府には佐賀藩から多くの事務官、行政官が輩出している。こうした気質は、当主の鍋島家の徹底した教育方針の賜物だ。佐賀藩では、藩士の子弟には恐ろしく学問を詰め込んだという。初等教育から大学レベルまでの膨大なカリキュラムを作り、進級試験に落第すれば家禄《かろく》も減らされたというから、藩士たちもそれは躍起になって子弟を教育したことだろう。そのように育てられれば、子弟たちも勤勉にもなろうというものだ。また、佐賀藩は幕府から長崎警備を依頼されていたこともあり、蘭学の習得も奨励されていたという。日本でも最先端の知識が佐賀には集約されていたのだ。その一端は、早くから英国式軍艦やアームストロング砲、ライフル銃といった最新兵器を配備していたことにもあらわれている。実は、肥前鍋島家は元は討幕の意思は持ち合わせてなかったのだが、薩長に懇請《こんせい》されて途中から参加している。薩長にとっては最新の軍隊、高い実務能力と最先端の科学知識を持つ肥前が維新をなし遂げるための「黄金のカギ」であったのだ。

こうして見てみると、明治維新に大きな役割を果たした四つの藩は、実に多彩な気質を持つ者同士が互いの能力をうまく補い、高め合っていることがわかる。リーダー気質に富む「薩摩」、怜悧で権謀に長けた「長州」、独立心が強く様々なところに自由に赴いて人をつなぐ「土佐」、実直に職務を遂行し高い実務力を備えた「肥前佐賀」……各藩に多様性があったからこそ、国の一大事に大きな力を発揮し、列強の侵略から日本を守り抜くことができたわけだ。

翻って、これから日本が迎える危機的状況を考える時、日本には再び多様性を取り戻す策がなんとしても必要だろう。

海外（スイス）の多様性に習う

さて、日本の中央集権制の行き詰まりと現在の課題、そしてかつて日本が分権国家だった時に育《はぐく》まれた地域多様性について見てきたが、ここで海外にも目を移してみよう。海外にも集権的な国、分権的な国と様々あるが、分権国家の代表例の一つである「スイス」に注目してみたい。

スイスは、中央ヨーロッパに位置する連邦共和制の国家だ。「連邦」とは、複数の国が一つの主権の下に集まり国家をなすもので、ドイツやアメリカと同様に州の独立性が高い国家形態である。共和制とは君主を置かない体制のことで、これと対をなすのが「君主制国家」ということだ。スイスは現在、二三の州で構成されている。スイスは、欧州の中心ということもあり、たびたび侵略によって勢力が入れ替わってきた歴史を持つ。先住民族のケルト人は紀元前一世紀にはローマ帝国の侵略を受け、四～五世紀にはゲルマン民族の大移動に襲われ、またフランス系民族からも侵略を受けた。六世紀以降もフランク王国、ブルグント王国の支配下となり、一一世紀からは神聖ローマ帝国の支配を受けた。一三世紀末、神聖ローマ帝国の支配が弱まると、自由と自治を求めた原始三州が同盟を締結、自治地域となる。これがスイス連邦の起源となり、のちに周辺州が加入して発展する。

しかし、一八世紀にフランス革命が起きナポレオンが登場すると、その影響を受けた連邦は崩壊、中央集権制のヘルヴェティア共和国となる。一時はこれに従うものの、やはり自由と自治の気風を持つスイスの人々にはこれが受け入れられず、一八一五年のウィーン会議でスイスの独立と中立が承認されると再び分権国家としての歩みを始める。その後、たびたび国内の対立などの曲折を経て、一八七四年におおむね現在の形に落ち着いた。こうした背景から、公用語は四つ（ドイツ語、フランス語、イタリア語、ロマンシュ語）あり、地域によって使用言語が異なるという状態を生み出している。

地方自治の意識が極めて高いスイスでは、連邦と州の権限もかなり州よりに厚くなっている。連邦が権限を持つには憲法の改正を必要とするが、これがそう容易には改正できない。国民の審議と直接投票（レファレンダム）によって行なわれるため、独立自治意識の高い国民が合意できる最小限の権限しか連邦には託されないのだ。実際にスイスの連邦と州、さらに市町村が持つ行政分野の割合はどの程度のものなのか。少し古いデータではあるが一八七ページにその割合を掲載しているのでご参考いただきたい。

外交、国防、農業など国家としての最重要の機能については当然ながら連邦が役割のほとんどを担っているが、司法・保健・警察・消防・教育・衛生・文化などは大半が州の権限において行なっているのがわかるだろう。

また、連邦の州に対する監督権限も最小限に留められている。たとえば州議会議員や州政府参事の選出・罷免や議会の解散なども原則はできないし、州の立法・行政に関する監督も強制力が高いものは少なく、また軍事執行（軍派遣による強制的な事務執行）した例も一度もないという。

スイスの行政分野負担割合

（1989年）

区分	連邦	州	市町村
■連邦が主要な役割を果たす分野■			
外交	100.0%	00.0%	00.0%
国防	90.7%	3.7%	5.6%
農業	83.0%	14.1%	2.9%
運輸・エネルギー	51.2%	2.4%	24.8%
社会保障	48.1%	29.9%	22.0%
■州が主要な役割を果たす分野■			
司法	11.0%	71.6%	17.4%
保健	0.6%	64.0%	35.4%
警察・消防	2.6%	63.3%	34.1%
教育・研究	16.3%	51.2%	32.5%
■市町村が主要な役割を果たす分野■			
衛生	5.5%	16.4%	78.1%
文化・余暇・スポーツ	8.2%	25.7%	66.1%

自治体国際化協会のデータを基に作成

国民の参政権に関する考え方も興味深い。基本的に、スイス国民は連邦国民である前に住んでいる市町村の住民であり、そこの自治に参加するという考え方である。したがって、参政権としてはまず「市町村」への参政権があり、次に「州」の、そして最後に「連邦」の参政権という、三つの権利を有するというものだ。当然、自分の身の回りにある社会問題への参画意識も高まり、「いかに地域を良くするか」を根本にして州、連邦も考えて行くことになる。

税制も分権的だ。連邦が課す税は法人税が八・五％、個人所得税は累進制で〇・一～一一・五％、この他に付加価値税（VAT）やたばこ税、自動車税などがある。一方の州税、地方税は法人税が一二～一八％、個人所得税は〇～三〇％とかなり幅がある。州にかなりの財源を持たせ、行政執行の権限も与えることで、州ごとに特色ある行政運営を行なわせているのだ。

税制に関しては、地方分権とは直接関係ないが戦略的な方法も取っていた。小国ながら風光明媚なスイスでは、隣国から富裕層や要人を抱え込む生き残り戦略を取ってきたが、その一環としてかつては欧州を中心とした世界の富裕層を取り込むべく、裕福な外国人の居住者には所得税ではなく、生活費をベースにした「一括税制」と呼ばれる有利な税制を適用してきた。昨今では、スイスの「隠し口座」による富裕層の租税回避を含め、アメリカなど世界各国からスイスへの風当たりが強くなったことでこうした優遇措置は廃止されつつあるが、国家としては極めて強《したた》かな生き残り策と言えるだろう。

こうした戦略的な地方分権政策によって、スイスは地域の多様性が極めて豊富な国となっている。まず、首都（厳密にはスイスに首都はないが、連邦議会議事堂がある）ベルンは、スイス中西部に位置し国内四位の規模の都市だ。アインシュタインが相対性理論などの執筆をした「アインシュタイン・ハウス」がある他、いくつかの観光名所や文化的施設があるが、実はこの町は首都であるということ以外に他の都市や地域と比べて特筆すべき点は少ない。日本が首都・東京に何でもあるのとは対照的だ。

最も規模が大きい都市と言えばチューリッヒである。スイス中部に位置し、国内のみならず世界でも有数の金融センターの一つだ。特に有名なのは欧州株式市場で第四の規模を誇るスイス証券取引所で、さらにほとんどのスイスの銀行は本社をチューリッヒに置いている。また法人税の低さから海外企業が欧州に本社を置く際にも魅力の一つとなっており、企業誘致にも戦略性が見られる。

スイス第二の都市ジュネーヴは、スイス西部にあるレマン湖の西南端に位置し、周辺のほとんどがフランス国境という特殊な場所にある町だ。富裕層が別荘を持ち、ヨットを停泊させる優雅な町という印象があるが、プライベートバンクの中心地でもあり、国際連合などの国際機関があり、また高級時計の生産地としても有名だ。地理的条件から、国境を接するフランスからも就労する人々が行き交い、さながら小さな国際都市のような多様性を持っている。

こうした大都市とは別に、独自の地域作りを行なっているところも多い。スイスは山と湖の国で、これらが極上の観光資源となっているが、たとえばマッターホルンを擁するツェルマットや、ユングフラウを擁するインターラーケン、グリンデルヴァルトなどは観光資源の保全のために独自の交通規制を敷いたり独自の税を設けたりといった工夫を行なっている。中東部のルツェルンは、ルツェルン湖を擁する観光拠点だが、「楽劇王」ワーグナーゆかりの街でここで開催されるスイス随一の音楽祭「ルツェルン音楽祭」には毎年世界中からファンが押し寄せている。

こうした地域ごとの特色や魅力は、自治を行なう住民一人ひとりが意識し大切に保全してきた「宝」であり、国家はこうした地域の自主性を尊重することを国益とする戦略を取り続けてきた。その結果として、多様な言語や文化を持つ「モザイク国家」ながら、欧州圏では最も安定し確かな国力を有することができているのだ。こうした地域の自主性にこそ、日本の未来への大きなヒントが隠されているのではないだろうか。

「U・S・O・J」構想

江戸時代、そしてスイスに代表される海外の分権国家の例にならって、いよいよ日本の道州制のあり方について述べて行こう。まず、考慮すべき大前提として日本は人口減少時代に突入しているということ、財政が極めてひっ迫していることを中心軸に据える必要がある。すでに中央集権制が役目を終えた今、多様性と柔軟性に富んだ国家に生まれ変わるには分権国家への移行が必須だ。

ここで議論になるのが、「では、現行の都道府県を維持し、中央政府の権限を都道府県に分散してはどうか」という話だ。道州制の議論において、一五〇年近くなじんだ都道府県を廃止するのは精神的な抵抗感が大きいという意見もある。そうした心理的障壁をなくす意味で、都道府県を道州と同列にすればよいという発想である。

しかし、これは率直に言ってむしろデメリットの方が多く、やらない方がよいぐらいの悪手と考える。まず、都道府県の規模は現在極めてまちまちである。たとえば東京都は、一三〇〇万人超でスウェーデン並みの国家規模となる一方、鳥取、島根などは人口が七〇万人に満たず政令指定都市である相模原市や岡山市よりも小さい。いくら分権化にメリットがあるといっても、行政単位が細切れにすぎれば「規模の経済」が働かず、最低限の行政サービスを維持できなくなるなどの問題もある。

また、現代は明治初期に比べ人間の可動範囲が圧倒的に広がっている。特に日本の場合、全国に幹線道路や高速道路が整備され、高速鉄道が開通し、空港もある。また、グローバル化とＩＴ化の進展でどこにいても世界中とつながり、様々なコミュニケーションを行ない、ビジネスもできる。電気、上下水道、通信網などの社会インフラも大動脈部分はすでに完備している。

問題は、こうしたインフラの老朽化に対する維持コストだが、行政単位が小さすぎれば課題解決も部分最適となってしまい、また財源に乏しいところはこうしたインフラすら維持しきれず、地域格差がより拡大するだろう。

想定すべきは、すでに発達した大都市圏を軸にして周辺地域を束ねた、現在の都道府県よりも大きな単位だ。専門家の知見によると、経済圏として成立する規模としては人口にして数百万人を下限とし、三〇〇〇万人程度までに収まるような単位が適切という。この点については私もおおむね同意するものである。高速交通網や通信網をはじめとした社会インフラの最適化という観点からも、これぐらいの規模がちょうどよいだろう。これらを与件《よけん》として、具体的には日本を次のように再編する。

（北海道州）現状通り
（東北州）青森～福島まで、新潟含む
（関東州）東京以外の関東圏
（東京州）単独州
（中部州）北陸、長野、山梨、静岡～三重、岐阜含む
（関西州）滋賀～兵庫
（中国・四国州）鳥取～山口、四国四県
（九州・沖縄州）九州七県、沖縄を含む

ただし、地域の実態を考えると一概に都道府県を束ねた道州にするのは賢明ではないかもしれない。たとえば、福井県は北陸地方とされているが、経済圏としては中部に入れる方法も関西に入れる方法も考えられる。しかし、ここで

日本を8つの州に再編

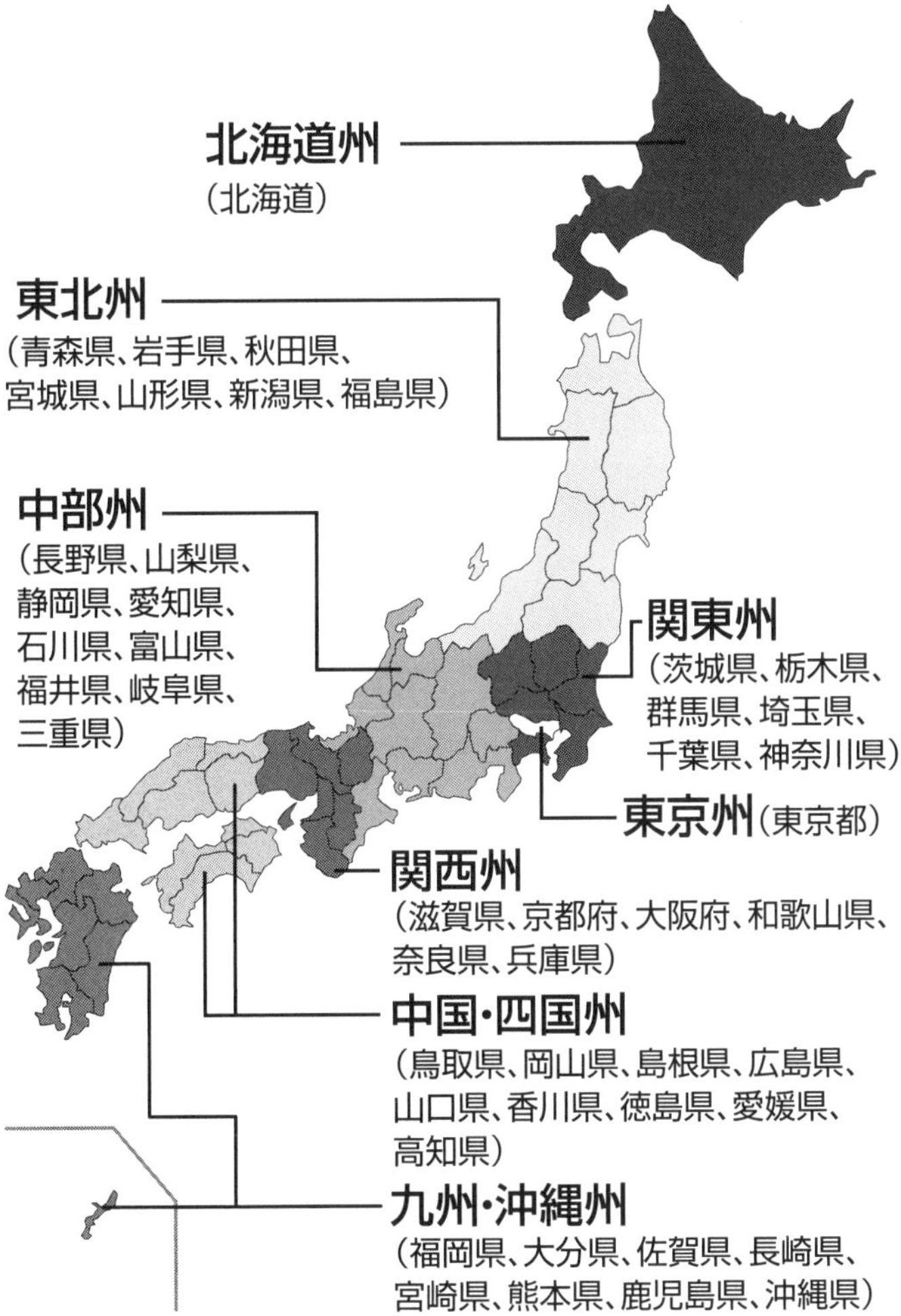
北海道州
（北海道）
東北州
（青森県、岩手県、秋田県、
宮城県、山形県、新潟県、福島県）
中部州
（長野県、山梨県、
静岡県、愛知県、
石川県、富山県、
福井県、岐阜県、
三重県）
関東州
（茨城県、栃木県、
群馬県、埼玉県、
千葉県、神奈川県）
東京州（東京都）
関西州
（滋賀県、京都府、大阪府、和歌山県、
奈良県、兵庫県）
中国・四国州
（鳥取県、岡山県、島根県、広島県、
山口県、香川県、徳島県、愛媛県、
高知県）
九州・沖縄州
（福岡県、大分県、佐賀県、長崎県、
宮崎県、熊本県、鹿児島県、沖縄県）

はこうした議論を一旦置いておき、全体構想の説明に焦点を当てたい。

この八道州に「一独立国家」レベルの大幅な権限を持たせることで、それぞれに気候や風土、既存産業などを活用しつつ、独自の創意工夫によって独自の「国づくり」が可能となるだろう。あくまで空想だが、道州制によってそれぞれの「国」がどのように発展し得るのか、簡単に見て行きたい。

《北海道州》

豊かな自然と広大な土地を活用し、大規模な農畜産業を展開、また漁業も戦略分野として重点的に強化する。また一つの柱として、観光のさらなる活性化を図る。現在でも中国人をはじめとしたインバウンド需要が大きいが、日本に憧れを持つロシア人も多く、その需要を大きく取り込む。新千歳空港を大幅に開放し国際線をどんどん就航させる他、ノービザ、国際免許不要などの観光施策を実施、留学制度や市民交流プログラムによって関係強化を図る。また、この発展形としてロシアとの自由貿易協定を締結、資源の輸入と農産物、工業製品の輸出を強化することで経済の相互発展を目指す。

《東北州》

北海道に次いで広大な土地と豊かな自然を有する東北州も、農林水産業の重点強化が第一命題だ。ただ、北海道と異なり山間部など耕作に向かない土地も多いため、州内での戦略的な集約化、効率化が重要となるだろう。各県単位の農業試験場や水産試験場を集約、東北大学に農業研究・開発拠点を置き、品種改良や山間部などの開拓事業の研究を行なう。増産された農産物などは東アジア向けの輸出を図る他、北海道とも連携して北東アジアへの展開も見据える。

また、東北地域は電子機器や自動車部品などの製造拠点があり、用地や水など工場誘致に有利な条件も備えている。法人税制の見直しなどで積極的な企業誘致を行なうことがもう一つの目玉となろう。

さらに、中央省庁の戦略的誘致も有効だ。農林水産省、環境省、国土交通省の大部分を東北州に置き、環境や農業、国土開発関連の国際会議なども誘致する。豊かな自然をいかに守りつつ利用するか、北海道州と東北州で蓄積したノウハウを世界に発信する戦略拠点と位置付ける。

《関東州》

全人口の約三分の一（約四五〇〇万人）が集まる関東州は、規模的に見れば十分に国家レベルにあるものの、域内の最適化と生産性向上が課題となる。将来有望な産業分野や世界トップレベルの研究機関、さらに特殊な加工技術を誇る企業などがあり、これらのさらなる発展に重点的に取り組むことで飛躍が期待できる。比較的人口規模の少ない北関東地域には、ベンチャー特区や学術研究特区を設け、税制や行政手続きなどの優遇によって企業誘致を図る。公的機関および民間企業の研究施設を集約することで、世界水準の学術集積地とし、産学連携を図って行く。

なお、関東州は人口、域内総生産共に非常に大規模となるため、全国水準に比べて税率を高く設定することになろう。東京を中心に周辺部に行くほど税率が安くなる「逆累進課税」などの仕組みを導入することで、人口の分散化と災害リスクの軽減を目指す。

《中部州》

中部州は、大きく分けて太平洋に面した東海地域と日本海に面した北陸地域の二つの顔を持つ。東海地域には、日本の高度成長を支えた工業地帯があり、またトヨタをはじめとした自動車産業や航空機産業が集積している。近年はロボット技術分野などにも注力しており、日本の工業の中心地となっている。

また、東海道新幹線に加え二〇二七年のリニア開通により、東阪をつなぐ極めて重要な地域とも言える。東海地域を工業特区化してさらなる集積効果を狙うと共に、自動運転化時代やロボティクス時代を見据えた新しい街づくりのモデルケース（実験都市）を実践するのが面白いだろう。また、東海地域は民芸品や工芸品、山海の幸といった特色があり、富士山という大きな観光資源もある。実験都市と観光を融合させ、他州とは異なるインバウンド需要を呼び込むのも面白い。

東海地域での実験的試みを活かす場として、北陸地域はさらなるポテンシャルがあるだろう。北陸新幹線の開通でインバウンドを含めた観光の活性化が図られているが、北陸地域にも伝統工芸や豊富な海の幸があり、県域をまたいだ大規模な観光ルートの開発によってさらなる観光重要の取り込みが期待できる。

また、長野は長寿県であり、伝統的に勤勉で教育熱心な風土を持っている。これをうまく取り入れて、独創的な初等・中等教育のカリキュラムを作り、全国さらにはアジア圏の留学生も取り込むなどの「教育特区」、そして健康長寿を実践的に研究するための「健康・長寿特区」を創設し、独自色を打ち出して行くのも面白い。

《関西州》

東京州と並ぶもう一つの「日本の顔」が関西州だ。すでに大きなインバウンド需要の取り込みに成功しているが、道州制移行によって近畿圏の観光資源を有機的に連携させることで、さらなる需要の掘り起こしが可能だろう。産業分野では、製造業や医薬関係の比率が高く、また京都大学をはじめとした優れた学術機関も多い。江戸時代には京都、大阪、兵庫など学術的風土の色濃かった地域でもあり、関東州と双璧をなす学究エリア・産学連携特区を形成するのも面白い。

もう一つの「日本の顔」とするからには、当然首都機能の一部移転も行なわれよう。総務省、厚生労働省、外務省、経済産業省、文部科学省、金融庁などは東京と大阪の二拠点制にする他、国土交通省、環境省、農林水産省の一部も置く。国会議事堂も東京と大阪に置き、季節交代（もしくは年交代）で開会する。単に形式的な意味合いだけでなく、実効的にも二拠点化することで災害など不測の事態に備える狙いもある他、経済効果も期待できるだろう。

ただ、これに伴って大阪市の都市計画の大幅見直しは必須となるだろう。南海トラフ地震による大阪市への被害は甚大なものが予想されている。たとえば津波が大阪湾に浸入すると、大阪城付近までは浸水してしまうというシミュレーションもある。移転する首都機能については、こうした影響を受けない新たな地域を開拓するなどの工夫が必要だ。また、災害に強い街づくりや災害復興に関するノウハウの蓄積も重要だ。近年では西日本を中心に台風水害も増えており、これらの対策も重要となる。そこで、現在ある復興庁を昇格し、各省庁に分散している災害対策関連部局を集約（または連携）する「防災省」を創設して、災害対策と迅速な復興を指揮する体制を関西州に設置する。

《四国・中国州》

瀬戸内海を挟んで二つの地域を持つ四国・中国州は、政策的にも二正面の舵《かじ》取りが必要な、ある意味では難しい州となるかもしれない。ただ、創意工夫によって潜在的な魅力が大いに引き出される可能性もあり、非常に興味深い州とも言える。

まず、中国地域は山陽地方と山陰地方で検討すべき柱が異なる。山陽地方には大都市圏と造船、繊維、石油化学、製鉄など各種の重工業が集積しており、山陽新幹線や山陽道などの大動脈も整備されている。これらを地域連携でさらに活性化することが基本戦略となる。

一方の山陰地方は、高速鉄道網が通らず過疎化も進む現状にある。山陽地方とのアクセスの問題を解消することがまずは命題となる。かつては毛利家が山陽・山陰地方一帯を治めていたことを考えると、一体化することで新たな需要開拓の道も開かれると期待される。特に、まだ知られていない観光資源を紹介することで、需要の掘り起こしができる点は見逃せない。また、中国・韓国との海の玄関口としての可能性も模索できるだろう。

四国地方は「日本の原風景」と呼ばれる古き良き田舎が残されており、その一方で伝統的な手工業や隠れた世界トップシェア企業なども点在する。こうした美点を生かし、独自の観光誘致や企業誘致を目指すことができるだろう。企業誘致の点では、戦略的な法人減税によってたとえばニッチトップ企業のような特徴ある企業を引き寄せることを想定してはどうか。また、デジタル庁を四国地方に移転し、日本のＩＴ化推進・実証拠点とすれば様々なデジタルベンチャーが集うようにもなろう。

「日本の原風景」の良さを活かし、たとえば相続税や所得税の減税施策を絡めて富裕層の移住や滞在を誘致する手もあるだろう。さらに関西州の医療関連研究機関や企業群を絡めた「先端医療特区」を設ければ、国内外の高齢富裕層の取り込みも可能となる。

《九州・沖縄州》

九州・沖縄州の強みと言えば、なんといってもこれから躍進するアジア各国との距離の近さだ。そこで、空港や港湾機能の強化と柔軟的運用で、アジア各国の日本へのアクセスゲートウェイとしての地位を確立する。すでに福岡はそうした位置付けになりつつあるが、道州制ではさらにこれを加速することだ。近年では高速鉄道や高速道路の整備も進みつつある九州内を、海外観光客に長期滞在でじっくり観光してもらうというシナリオもよいだろう。

一方で九州は自動車部品や半導体などの生産拠点が集まっている。この集積化をさらに進め、たとえば、中国・四国州と産業連携して素材分野を重点的に開拓し、国内外企業に積極的に技術移転を図る場としての「素材テクノパーク」などを作るのも面白い。

沖縄地方の魅力は、なんといっても観光だ。現在でも国内外多くの観光客を引き寄せているが、ハワイなどの世界的リゾート地に比べると今一歩およばないのが実情だ。富裕層向け超高級リゾート施設や長期滞在型の観光開発が目先の課題となる。また、米軍基地問題は極めて難題だが、東アジア地域の安全保障に重要な位置付けとなるため、これは沖縄地域単独の問題ではなく国家レベルの問題とし、さらにはアメリカや周辺諸国を巻き込んだ国際レベルの課題として検討して行く必要がある。

一方で、沖縄地方は古くから海洋国家として周辺国との交流を担ってきた歴史がある。そこで、周辺各国から将来有望な若者を集め、エリートを育成する高等教育機関を沖縄に設置するのも面白い。政治・外交のみならず、環境問題や高齢者医療など、今後アジア圏が直面するであろう共通課題を主軸とした活発な議論を通じて、国境の垣根を超えて目指すべきアジアの将来像を共有する戦略的な場を創出するのである。

《東京州》

最後に見て行くのが東京州だ。前述した通り、東京はそれ単独で国家となり得る超大都市だが、それゆえに問題も極めて大きい。まず、災害や攻撃を受けるリスクが過剰である点は、早急に対策すべき課題だ。東京は経済的にも集約効果による「規模の経済」の恩恵が最も大きい州であるため、州民や企業には戦略的にかなり重い税を担ってもらうこととなろう。重い税負担は、人や企業を地方に移転させる要因にもなる。

また、大学などの教育機関も各州に戦略的に移転を促進する。かつて東京教育大学が茨城に移転し筑波大学となったが、そうした政策をより戦略的かつダイナミックに推進するわけだ。

企業についても、移転の促進を図る。東京直下型地震による本社機能の停止は、企業にとっても大きなダメージとなることが想定される。そこで、政府機能の地方移転に合わせて企業の戦略的移転を働きかける。移転による減災効果を想定し、移転した企業には税優遇を施すなども有効だろう。

また、東京においても高齢化は加速しており、さらにあらゆる社会インフラの老朽化も極めて大きな問題になって行く。そこで、東京以外の各州に戦略的「介護特区」「シニア移住特区」を設け人口の分散化をさらに後押しする。各州それぞれが個性ある受け入れ特区を創設すれば、移住者にとっても選択肢が増えるし、それぞれの移住先で介護ノウハウの蓄積、シニアコミュニティの形成が進むことで高齢社会の運営に新たな知見が得られるだろう。

いずれにしても、東京一極集中はこれからの時代に即さないばかりか、放置しておけば「震災被害の重大化」「介護・医療崩壊」が確実に起こるだろう。これからの東京に必要なのは、日本中からあらゆるものを吸い上げるのではなく、東京から様々なものを地方に振り向け直し、「地方に頼る」という道なのだ。

さて、州の次なる未来を作るにあたって、どの程度の権限を与えるかは極めて重要となる。そこで一つの案だが、アメリカやドイツ、スイスの連邦制における分権体制を参考に、大まかだが次のように役割分担して行くのがよいと考える。

基本的に、州単位で国家運営レベルの行政がすべて完結することを前提とし、国家として最低限の統一性を保持する必要がある分野（外交、防衛、通貨など）を中央政府が司る。司法権もこれにならい、最高裁判所が統括機関としつつ各州独自の立法に基づく司法運営を行なう必要性から、州裁判所が実質的な最高司法機関として実務を執行する。

環境保護や農業保護、危機管理などのように国家横断での対応が必要な分野についても、州政府と中央政府が対等の関係を保って調整を行ない、国益と州益の双方のバランスを取った政策運営を図る。

また肝心の税制だが、原則は州政府が主導する形を取る。国家運営に必要なコスト部分は原則として各州が経済規模に応じて負担し、中央政府に納付する形とする。現在抱えている莫大な政府債務は、一旦は中央政府が継承するが、

中央政府と州政府の権限の分担

主に中央政府の立法、執行権限

・国防　・外交　・金融　・通貨　・通信
・広域交通　・関税　・憲法　・統計
・州間調整（州の監督権を含む）

中央政府と州政府の共同による立法、執行権限

・刑法、民法、商法、労働法など　・環境保護
・農業保護　・原子力　・危機管理（天災・疫病など）
・税制（主に消費税、酒税、自動車税など）

主に州政府の立法、執行権限

・税制（主に法人税、所得税、特別税）　・選挙　・財政
・公共事業　・産業政策（農、魚、畜、工、商など全般）
・警察　・消防　・教育　・労働政策
・社会保障　・医療、公衆衛生
・都市計画、景観保全　・河川、国土開発
・交通　・文化　・観光　・宗教

各州の財政状況や人口動態に応じて段階的に各州に分担して行く。国家が所有する資産については、その性質に応じて適宜中央政府、各州政府に移管して行く。各州間での借金の押し付け合いや資産の奪い合いを避けるため、財政再編・再建ミッションに特化し強力な実行権を付与した独立の非政府組織を設置、後述するオンブズマン制度を活用して一定期間内での再編・再建を完遂する。

また、道州制導入に伴って、州政府と市町村などの基礎自治体の関係も大きく変えられるべきだ。州政府にあらゆる権限を委譲しても、州がそれを専有し市町村を付き従わせるだけでは今までの中央集権制を小型化したにすぎず、まったく意味がなくなる。州政府は、国から移譲された権限を今度は市町村に大きく移譲するのだ。

たとえば、公教育を例に取るなら州としての必修カリキュラムと期間は設定するが、それ以外は自治体に大幅な決定権を持たせるといった具合だ。極端だが、夏休みや冬休み、一日の授業単位、始業／終業時間や課外活動などに至るまで自治体に自由に決めさせてもよい。また、教科書の選定も任せる。さらに、授業内容も創意工夫してよいし、地元のお年寄りや有識者、はたまたまったくゆかりのない外部講師を授業に招いてもよい。もちろん、知識レベルの最低限の統一性を担保する仕組み（州の統一試験など）は用意した方がよいが、それも州と市町村で「どう子供たちを育てたいか」を決め、遂行して行くという具合だ。

その他にも、壊れた道路をどうするか、新しい橋は必要か、待機児童問題をどう解消するのか、治安対策が必要な場所をどう対処するのか、過疎地の高齢者への介護はどんなことを誰がどうやるのか――市町村が抱えるこうした問題も原則として市町村が独自に対策を立案・執行できるように、あらゆる規制を撤廃し全面的に権限移譲する。市町村はこうした問題を「自分のこと」としてとらえ、自分たちの実力に見合ったやり方で自己解決することを余儀なくされるが、「自治」とは本来そういうものである。

むろん、だからと言って市町村に問題を投げっぱなしにするのではない。一方で州政府はこうした市町村の実情を吸い上げ、州単位で行なうべきマスサービスを検討して展開、市町村を支援するのだ。市町村はそれでも足りない部分の自己解決を模索する。もちろん、財源などの事情から地域格差が生まれるかもしれないが、それをどこまで解消するのか、財源の再分配をするのか、はたまた代替策で凌《しの》ぐのかは州の裁量となる。

なにかにつけて「地域格差だ、カネがない、カネをバラ撒け」と騒ぎたて、自ら工夫をしようとしない物乞い体質は、この体制下では一切通用しない。というより、行政サービスが降ってわくのを祈るのは「自治」ではないし、人のカネ頼みありきで問題解決を目指すのは「自主・独立」の精神ではない。

カネがない、人手が足りないと「ないない尽くし」を叫ぶ前に、共に住む皆が少しずつ知恵と労力を持ち寄って地元を良くしようという意思こそが、これからの地元には求められる。また、その意識が集合して初めて州が輝き、日本が明るくなって行くのだ。はじめは慣れないことに苦労するかもしれないが、その先には地元への愛着と人々の活気という、国の補助金などでは決して得ることのできない大きな果実が待っていることだろう。

私は、ここまでで掲げた道州制構想にこう名付けたいと思う。

「ユナイテッド・ステーツ・オブ・ジャパン」（United States Of Japan）

このように俯瞰すると、道州制構想は実際のところ既得権益の解体どころか完全に現体制をぶち破る大変革であり、遂行にはかなりの痛みを伴うことは疑いようがない。

しかしながら、ここまでやってこそ日本には新たな希望が宿ると考える。また、これは法案が制定されてから全国に定着するまでには二〇年程度の移行期間を覚悟する必要があると見ている。明治時代に行なわれた廃藩置県も、教科書などでは一八七一年に法律が制定され、すぐに現在の形になったような印象で書かれているが、実際にはそんなことはない。一八七二年に三府七二県、一八七五年に三府五九県となり、一八七六年には三府三九県にまで統合されたものの、逆に面積が大きすぎる地域があるとの紛争が起こり一八八九年になってようやく三府四二県に落ち着いたのだ。

ただ、こうした混乱と調整は、私は必ずや日本国民とこの国の未来にとって良い結果をもたらすと信じている。時間をかけた調整の過程で、私たちが互いにこの国のあるべき姿、望ましいあり方について議論を戦わせ、妥協点を探って行くという行為、それこそが今日本が行なうべき「国を取り戻す」ということだからだ。一部の政治家や官僚に国や地域や暮らしを丸投げするのではなく、国民一人ひとりが主体となって「この国を作る」という気概こそが、本当の意味でこの国の未来を作るもととなるだろう。

日本人が再び団結し、それぞれの州が独自の魅力を携えて結束する。まさに「ユナイテッド・ステーツ・オブ・ジャパン」(U・S・O・J)とは、単なる行政形態に留まらない、私たち日本人がこれからいかにあるべきかを端的に示すスローガンでもあるのだ。

政府は「小さく」「敏《さと》く」「強《したた》か」に

中央政府からの大幅な権限移譲により、地方分権、地方自治は大きく加速して行くが、かといって中央政府の役割が軽くなるということはまったくない。むしろ、行政実務を大幅に手放す代わりにこれまで以上に高度で戦略的な国家運営に注力する必要がある。そこには、今までなかった独自の統治体制を組み込んで行く必要があるだろう。そこで、特に私が気にかけているアイデアについていくつか披露して行きたい。

①首相は国民選挙で選出

実質的な行政執行の最高責任者は各州の州知事になるが、首相は国家の代表者として外交や国防、国内に対しては州間の利害調整や国家ビジョンの提示など極めて高次の能力が求められる。従来の派閥政治の論理から輩出される人々とはまったく異なる資質を持つ者、また中央集権制度で必要だった官僚をコントロールする力などとは異なる能力が必要となるだろう。

さらに、首相の職務権限も大きく見直されるべきだろう。アメリカの大統領権限とまでは行かないが、大幅な拒否権や大統領令に匹敵する権限を持たせることも一案だ。

こうした、今までとは完全に質の異なる重責を担う人間を選出するには、従来の間接選挙制ではなく、国民選挙を行ない国民の総意によって選出することにするのが適切だ。

②新憲法の制定

当然ながら、新体制下では憲法も大きく書き換えられるべきだ。スイスでは、憲法が連邦政府の権限も規定しているため、国民の審議と直接投票（レファレンダム）によって頻繁に憲法改定が行なわれている。スイスと同等の方式を取るかには議論の余地があるが、ただ現在の日本国憲法のように八〇年近く手が入っていない状態というのは明らかにおかしい。いかに優れた法律も、時代の変遷によって国家や取り巻く環境が変われば、その時々に即した改定を検討すべきである。憲法は国民がより良く生きるための道具であり、それを「神聖不可侵」な存在に祀り上げて思考停止をするのは危険だ。

私は、憲法論議で昨今取り沙汰されているいくつかの主要テーマについて一定の論を主張するものではないが、国民が大いに議論し、必要に応じた見直しがなされて行くことは必要だと考えている。「ユナイテッド・ステーツ・オブ・ジャパン」構想の実行は、そうした議論を始めるにあたってまさに格好のチャンスとなるだろう。

③オンブズマン制度の導入

「オンブズマン制度」とはスウェーデンが発祥の行政制度で、行政機関を外部から監視し行政機関による国民の権利・利益の侵害に対する調査と救済の勧告を行なう公職者（オンブズマン）を設置する制度だ。現在、日本でも各地の地方自治体にはこのオンブズマンが一～数人おり、形式的には導入が進んでいるように見える。ただし、実態としてはオンブズマンはほとんど機能していない。

しかし、「行政を外部視点で監視し、勧告する」仕組み自体は極めて有効である。道州制の導入に合わせてこの仕組みを改めて再定義し、第三者機関が国家レベルから市町村レベルまでの行政監視を実施する体制を作るのがよい。

④税制大刷新

「ユナイテッド・ステーツ・オブ・ジャパン」構想の中ですでに触れているが、「道州制」という統治体制の刷新のキモとなるのはやはり行政の財源となる税制の大改革だ。基本的な柱は、「所得課税」「資産課税」「消費課税」で変わらないが、「所得課税」と「資産課税」については州政府に大幅に権限を委譲し、その一部を中央政府への分担金という形で納付させるのがよいと考える。

州政府の裁量が増えれば、たとえば富裕層高齢者の流入を促進して地元の活性化を図りたい自治体などは、条件に合致する人への所得課税と資産課税の優遇などを図るなど、スイス方式で人を誘致することも可能となるだろう。また法人税についても、州によっては弾力的な運用により特定産業の誘致を促《うなが》し、地方経済を活性化するという戦略が選択できるだろう。

一方で、「消費課税」については関税や消費税、たばこ税、酒税といったものは基本的に国税扱いでよい。もちろん、これについても地域固有の消費活動に対して自治体独自に税を設定できるようにすれば、産業を活性化しつつ財源を豊かにすることができるようになる。

州や市町村があまりにも好き勝手にやるのは考えものであるから、中央政府が最低限の監視、勧告機能を持ってもよいだろう。ただ、基本的に財源となる税制は、極力州と自治体の裁量に任せた運用を行なうのが賢明だ。

⑤新しい人材登用の仕組み

これまでの日本は、国や権威機関が敷いたエリートコースを歩んだ人材を徴用する傾向が強かった。今までの中央集権体制では、権力の意に沿う秀才タイプを育成、登用するのは自然な流れであり、理にかなったやり方だったと言えるだろう。しかし、これからの分権時代に必要となるのは、答えのない問題に挑み、ユニークな解を作り出せるような少し「はみ出した」人材だ。法律で決まった通りの事務をこなし、例外事項に対して「規定にない・前例がない」といって突っぱねるような人材ではない。

したがって、どこの大学を出たとか、どこかの権威機関のお墨付きがあるとかといった「肩書」を持つ者や型通りの筆記試験の成績が良い者ではなく、具体的に物事を「どう考え」「どんな取り組みをしている（きた）」のかといった構想力や実行力、あるいは「人を巻き込む」「議論を戦わせる」といった高度なコミュニケーション力など、幕末の薩長土肥のような特徴ある能力を持つ者を多く取り込んで活用することがキモとなる。そのためにも、今後は地方独自の教育と人材の多様性は極めて重要なポイントとなるだろう。

また、人材登用制度も重要だ。中央政府、州政府、市町村は、それぞれの行政課題に合った人材を採用できるように、それぞれがまったく独自の登用制度を作るべきだ。そして、公務員試験のような「机上の成績」による採用は廃止することだ。代わりに、たとえばベンチャー企業が資金調達の際に出資者に行なうように、プレゼン形式で行政課題と解決策、見込み予算と実現方法を説明させる、といった採用試験を行なう。また、既存人材についても終身雇用を廃した方がよい。民間企業のように、特定の行政課題に詳しい職員が「専門行政職」「専門事務職」として複数自治体を渡り歩くという形態もアリだ。たとえば、ある地方都市で広域医療行政に携わった職員が、別の州が立ち上げた広域医療政策のプロジェクトチームに「中途採用」で入る、というのも面白い。

そうして豊富な経験を積んだ職員が、次はその分野の専門家として高等教育機関の教職に就き、次世代の人材育成を行なうなどすれば、専門的知見を多くの地域で共有・活用できる上、後世にも継承できるようになるだろう。

ここに挙げた例はごく一部だが、他にもいろいろな方法があるだろう。いずれにしても、これからの日本にとっては今まで以上に「人財」の活用こそが生命線となる。テストの成績など既成のものさしで「優秀」とされる人材よりも、現実の課題を突破できる「尖《とが》った」人材をいかに発掘するか。新しい為政者たちは、その能力が試されることになるだろう。

じっくり長期戦で挑む

ここまで「道州制」について見てきたが、そのテーマが内包する様々な側面を考えると、これを遂行するには「革命」に匹敵する強大なエネルギーが必要となろう。政治家、官僚から大企業、地元有力者に至るまで、およそ既得権益の大半がこの「革命的改革」に巻き込まれるためだ。

無論、私たち一人ひとりも例外ではない。改革の過程では、自分にとって不都合なもの、痛みを伴うものも出てくるだろう。

ただ、こうした改革をなくして日本の将来はない。巨大な財政債務、少子高齢化と人口減少、しぼむ経済、隣国の台頭と覇権への野心——冒頭に指摘した通り、今私たちが何もしなければ、日本は一〇〇年後に「昔あった国」になる可能性が極めて高い。何としてでも今、ここで私たちが立ち上がらなければならない。そして、一度立ち上がったら最後までやり抜く根気も必要だ。前述した通り、明治初期に施行された廃藩置県も定着するまで二〇年近くかかった。しかも、一五〇年近く経った今でも、同じ県内に違う藩の気質を感じさせる地域が並存し、軋轢《あつれき》を生んでいるケースすらある。

それでも、改革の手綱を緩《ゆる》めてはならない。行政や統治制度も、所詮は人々がより良く生きるための道具でしかない。中央集権と地方分権という軸で歴史を見れば、日本はたびたびその軸を移してきた。大雑把に言えば、平安末期の六波羅政権（平氏政権：中央集権）、鎌倉幕府（地方分権）、南北朝時代（建武政権：中央集権）、室町幕府（地方分権）、豊臣政権（中央集権）、江戸幕府（地方分権）、明治以降（中央集権）と見事なまでに交互に並ぶのだ。

これは何を表すか。時代が変われば道具（統治方法）も変わって行くということだ。したがって、時代に即した統治・行政を常に模索し続け、「国を作り」続けることが「国を守る」ということなのだ。もしも国民が模索をやめ、思考停止に陥れば、国は停滞し、やがて他国の侵略を受けて「国を失う」ことになる。

国を守り、豊かに暮らすというのは、本来楽なことではない。その点において、私たちは恵まれすぎてきた。太平洋戦争の敗戦後、アメリカの庇護下にあって中央政府の言いなりに付き従っていれば、何も考えなくとも良い暮らしを謳歌できたからだ。

しかしその一方で、自分たちで国の独立を勝ち取り、豊かな生活を勝ち取る喜びを忘れ、さらには生きることの本質的な意味やその実感すら忘れてしまったのではないか。

そろそろ私たちは、この悪夢にも似た「泥のような眠り」から目覚める時にきている。自分たちの手で自分たちの住む場所を、地域を、そして国をいかにして守り、豊かにするのか。そこに思いを致《いた》し、行動を始める時だ。

道州制という策は、その大いなる手がかりとなり、また時には試練ともなるだろう。しかし、並み並みならぬ苦労の先に私たちは、「生きる」ということの本当の意味を実感するに違いない。

第四章　新型コロナ対策・危機管理

危機管理能力の低さを露呈する日本

この章では、日本の危機管理をテーマに語って行こう。というのも、この危機管理という分野が日本の大きな課題でもあるからだ。

残念ながら、日本の危機管理能力は驚くほど低い。最近でそれが露呈したのは、今年春からの新型コロナウイルスに対する一連の政府の対応であろう。特に、横浜に入港したクルーズ船〝ダイヤモンド・プリンセス号〟をきっかけに政府の対応のまずさが際立った。

ダイヤモンド・プリンセス号が入港したのは二月三日のことだが、そこから連日検査をするたびに感染者数が拡大し、下船が開始するまでの二月一八日までで五三一名の感染が確認された。そして、その後も感染者数は増え続け、最終的に七一二名の感染者を生む事態となった。乗客と乗員を合わせて三七一一名だったから率として一九・二%、なんと五人に一人は感染者という驚くほどの高さとなったのだ。

そこまで感染拡大した大きな要因の一つに、日本政府の対応が完全に後手に回ったということが挙げられる。実は、日本政府は二月三日の段階ではそれほど深刻な事態ととらえていなかった。香港で下船した乗客の感染が確認されたのが二月一日、そこから二日後の三日夜に横浜に入港したダイヤモンド・プリンセス号ではまず二日にわたってＰＣＲ検査が行なわれたわけだが、当初日本政府は検査の結果で陰性を確認し乗客を下船させて終了、という風に考えていた。だから二月五日の朝を迎えるまで船内はクルーズの余韻に浸ったままで、乗客はダンスショーやシアターなどを楽しむことができ、食事も自由にできた。

ところが検査の結果、三一人中一〇人の感染が確認されたことで日本政府はようやく気付かされたのである。すでに船内では感染が広がっており、深刻な事態に陥っていると。あとはご存じの通りで、日に日に感染が広がって行ったのである。

もちろん、二月五日以降は厳戒態勢の隔離政策が取られたわけだが、どうも詰めが甘かったようである。なにしろ、感染の危険がある区域と安全な区域が明確に区別されていなかったという声がある。そのような状況を乗船していたアメリカ人の医師は、「我々は、ウイルス培養皿（ダイヤモンド・プリンセス号）に入れられて感染させられているのと同じだ」とウォール・ストリート・ジャーナルにコメントしている。ダイヤモンド・プリンセス号も、〝パンデミック（感染爆発）客船〟と不名誉な呼び名が付けられてしまった。

ただ、今回のようなケースでは、関係国の中でどの国が一義的な対応や負担の義務を負うかについて取り決めがないのが実情で、一方的に日本政府が責められるというのはおかしな話だということは、おさえておかなくてはいけない。外航船の運航は旗国（船籍国）責任が原則で、公海上での管轄権は船籍国にあり船内も船籍国の法律が適用される。外国の領海内では沿岸国の法律に従うことになるが、衛生面を含めて乗員の管理義務は一義的に船籍国側にあるという。

ダイヤモンド・プリンセスは英国籍で、船会社はアメリカの企業だった。日本政府は乗客に日本人が多かったことから、横浜港に入るのを認め検査や感染者の収容、治療に当たってきた。対応の不手際を批判されてもやむを得ない面があったとしても、船籍国のイギリスや運航する米企業が責任ある対応を取らず日本政府だけ批判の矢面に立たされたのは、やはり理不尽と言わざるを得ない。

それはそれとして、日本政府の下船後の対応も良くなかった。ＰＣＲ検査を受けて陰性だった乗客が下船したわけだが、そのままタクシーやバスなどの公共交通機関を使って帰宅しているのである。これには海外から「信じられない」「船内での隔離政策が万全ではなかったのに、なぜ下船者のすべてが感染している可能性があるとして対処しないのか」と驚き呆れる声が上がっている。

今回のクルーズ船には日本人以外の多くの外国人も乗船しており、各国は自国民を帰国させるためにチャーター機を日本に飛ばした。一番印象に残っているのが、アメリカだろう。そのアメリカはチャーター機で帰国した自国民をきちんと二週間、軍の基地内で隔離しているのだ。他にもカナダや韓国、イスラエルといった国も下船した自国民を二週間、同国の施設内で隔離している。それから見ると、下船した日本人がそのままバスに乗って帰る姿など、悪い冗談にしか映らなかったであろう。実際、その下船したあとに感染が判明したケースもあり、この対応が極めて悪手であったことがわかる。

またもう一つ、これはダイヤモンド・プリンセス号の事例に限らないが、コロナ関連で日本政府の対応に疑問符が付くのは、PCR検査の遅さである。驚くほど遅々として進まない。ダイヤモンド・プリンセス号でも、下船が始まった二月一八日までにまだすべての乗船者にPCR検査が終了していなかったのである。約二週間の日にちが経っているにも関わらずだ。

リスクをゼロにしようとする日本人

日本語では「危機管理」と一つの言葉であるが、英語で表記しようとすると、それを二つに分けることができる。「リスクマネジメント」と「クライシスマネジメント」の二つである。リスクマネジメントは事前策で、危機的な状況が発生する前にそれを回避しようとしたり、発生した際に被害を最小限におさえようと事前に対策したりすることである。それに対して、もう一つのクライシスマネジメントは事後策。つまり、危機が発生した際に機能不全に陥らないように初期対応を行なったり、二次被害を回避するようにすることである。本来二つの面から行なうはずの危機管理が、日本においては前者の方が重視されて、後者の方がおざなりにされていることが多い。というよりも、後者は発想そのものがないのかもしれない。これは一体、どういうことだろうか。

実は、これはリスクに対する日本人特有の考え方に起因しているようだ。〝リスク〟の語源をご存じだろうか。諸説あるのだが、一番有力とされている説は古代ローマ時代に遡る。ラテン語からイタリアに伝わった〝ＲＩＳＩＣＡＲＥ（リズカーレ）〟がリスクの語源であるとされている。リズカーレの意味は、勇気をもって挑戦すること、だから元々の語源をくみ取ると、リスクは単に将来の危険性というだけではなく「勇気をもって挑戦した結果付きまとう不確実なもの」、あるいは「失敗した時に負う代償」という意味が当てはまりそうだ。

この勇気をもって挑戦するという文化は、あまり日本人にはなじまない。だから、日本人にとってリスクとはなるべく回避するべきものになっているのである。リスクを回避することに重点を置き、あまりにも臆病になっている向きがある。これはすべての面において見られる日本人の特性とも言えるものなので、仕方がない部分でもある。金融の世界でもそうだが、日本人の個人金融資産に占める預貯金の率が高いのも同じ現象と言えるだろう。企業の文化もそうで、失敗が許されない社会であるからリスクに近付こうともしない。新しい試みを行なうベンチャー企業も容易には育たない。評価額が一〇億ドル以上で未上場のスタートアップ企業のことを指す「ユニコーン企業」がアメリカや中国には数多く見られるが、日本ではほとんど見られないのもそのためだろう。

日本人は何とか事前にリスクをゼロにしようとする。完璧を追い求め、それができた時点でスタートするのである。だから、日本ではリスクマネジメントはしっかり行なうものの、クライシスマネジメントという考え方が完全に抜け落ちているのである。元々チャレンジしようとしないわけで、失敗するような

「危機管理」には二つの面がある

リスク
マネジメント

事前策。

危機的な状況が発生する前にそれを回避しようとしたり、発生した際に被害を最小限におさえようと事前に対策したりすること。

VS

クライシス
マネジメント

事後策。

危機が発生した際に、機能不全に陥らないように初期対応を行なったり、二次被害を回避するようにすること。

事態を想定していないのである。ところが、現実社会においてリスクを限りなく小さくすることはできても、ゼロにすることはできない。だから、やはり何らかの事態は起きてしまうし、そうなった時を初めから想定していない日本は対処するすべがない。

一方、欧米は異なる文化を持つ。元々が狩猟民族であったこともあり、勇気をもって挑戦することを厭わない。特にアメリカでは、勇気をもって挑戦することを美徳と考えている節がある。当然、チャレンジだから成功する時もあれば失敗する時もある。それどころか、どうも欧米では事前策のリスクマネジメントを徹底しないケースが多く、失敗することが多い。だから、自然とチャレンジに失敗することに慣れていて、クライシスマネジメントを重視する動きとなる。どちらが良いかと言えば賛否両論あるだろうが、少なくとも事後策をきちんとできないと致命的な状況に陥ってしまう可能性がある。だから、今後日本においてはリスクマネジメントを緩《ゆる》める必要はないが、クライシスマネジメントはきちんとして行く必要がある。

日本よ！　新型コロナの失敗に学べ

今回の新型コロナの感染拡大によって、日本の危機管理の問題点がいくつか浮き彫りになった。

まず挙げる問題は、マスクなどの医療品である。マスクについては何が起きたかはいわずもがなで、ドラッグストアのどこを探してもマスクが見当たらない時期があった。新型コロナが騒がれるまでは、一箱数百円程度のマスクが完全に姿を消し、それが再び登場した時には三〇〇〇円以上の値段が付けられて売られていた。

そのようなマスク不足を解消するために、政府は布マスクを全世帯に二枚ずつ配ることを発表した。感染症対策本部の発表の場で安倍前総理は小さめの布マスクを着けて、「全世帯にこのマスクを二枚ずつ配布する」と誇らしげに宣言した。この発表は、ちょうど四月一日に行なわれたため、海外メディアはウイットに富んだエイプリルフールではないかと揶揄していたが、冗談でもなんでもなく実際にマスクは配られることになった。

そして間の悪いことに、それが大部分の世帯に届き始めたのは、マスク不足のピークが過ぎてからのことであった。ドラッグストアの店頭には値段は高いながらもマスクが並び始めている中で、しかも配られたのが小学校の給食当番が着けるような少し小さめの布マスクであったこともあり、ほとんどの人はそれを着けずに終わった。街中で歩いている人を見ても、そのマスクを着けている人は一〇人に一人もいないくらいであった。ある調査によると、政府より配られたマスクを着けている率は三・五％ということで、一〇人に一人どころか二〇人に一人もいない計算になる。そのような、実際には役に立たないものを約二六〇億円という巨額の予算を付けて配ったのである。

この一連のマスク騒動は本当に悪い冗談であり、日本の危機管理能力の幼稚さが目立った出来事と言ってよい。

では、今回の失敗を受けてこれからどうするべきか。マスクの他にも、除菌用のアルコールなど同じ時期に店頭から一時的に姿を消した商品は多い。それらを一旦すべて調査して、把握する必要があるだろう。その上で、今後同じようなことに陥らないように、必要な在庫の確保をどのようにするのかを検討しておくのである。マスクだけでなく、防護服は今でもほとんどが中国製であるからそれを国が民間委託して国内生産で大部分を賄えるようにするかどうかも検討の余地がある。

さらに、新型コロナウイルス第三波を受けてマレーシア産の医療用ゴム手袋が不足している医療機関も多いという。場合によっては国がマスクや防護服、ゴム手袋など必要なものを備蓄しておく方法も考えられる。予算はかかるだろうが、今回のような場当たり的な政府主導の使われもしないマスク送付に多くのコストをかけるよりは、はるかに建設的であろう。

次に取り上げるのは、ＰＣＲ検査の数だ。医療現場に混乱を生むのを避けるためなのか、それとも権力争いや利権絡みの問題なのか、いずれにしても日本のＰＣＲ検査の数は他の先進国に比べて圧倒的に低い。実は、政府としては検査能力の数値目標を掲げていた。しかしその達成には時間がかかり、国と地方自治体、医療機関の連携が取れない状況に陥っていたのである。まずは、この原因を究明する必要がある。その上で、その原因と今後の政府の方針を国民に公表するのがよいだろう。国民も馬鹿ではないから、中国が一日に数百万のPCR検査をこなすことができるのに、なぜ日本ではできないのかと疑問を持ったことだろう。そのような疑問に対して、真摯に対応する必要がある。

もし、PCR検査が必要最低限で構わないと考えるのであれば、その理由を明確にすればよいのである。逆にPCR検査が必要ということであれば、それを行なうための体制の確立をする必要がある。

多くの失敗をした今こそ、日本は世界の模範となるような新型コロナ対策の基本戦略、基本方針を策定するべきである。これだけ多くの失敗をしたわけだから、そこから得た教訓はさぞかし多いことだろう。今のシステムでは実行が困難であるから、特別で強大な権限を持った危機管理庁を設立して、当面は今の新型コロナ対応に当たる方法が考えられる。

ただ、このような構想はおそらく出てこない。これまでの失敗、そして数多くの教訓からも何も学ばない可能性がある。その理由は、確かに今回の日本政府の新型コロナ対応はとても及第点を得るものではなかったが、それでも感染者は欧米よりもはるかに低く、結果オーライの声が官邸で上がっているからである。

奇跡を期待するな！

日本では、ＰＣＲの検査数は圧倒的に少なかった。そこから、全員一斉検査ではなく、濃厚接触者を中心に一部の限られた人に行なわれたと考えられる。それにも関わらず、日本全体の罹患率は欧米に比べるとはるかに少ない。

この矛盾するような結果には、どうもＢＣＧの予防接種が新型コロナウイルスに効いているのではと噂されている。日本人であれば赤ちゃん時代に誰もが受ける、あの六つの跡が付くハンコ注射のことだ。そして、これは単なる噂に留まらず、それを証明するかのような結果が出ている。

検証したのは京都大学で、結果としてBCGワクチン接種が新型コロナウイルス感染症の拡大を防いでいる可能性があると発表したのだ。京都大学が注目したのはBCGワクチンを接種した国と接種していない国で、それらを一三〇国以上比較検証したのである。すると、二〇〇〇年までBCGワクチンの接種を義務付けていた国々とそうでない国々と比較してみると、接種を義務付けていた国々の方が感染者数と死者数の増加率が明らかに低いことが判明したのだ。現在のところ国際比較のデータの箇所で問題が残っており、この結果が世界の共通認識にはなっていない。

ただ、実際に日本で罹患率が低いという事実があり、その通りなのではないかと感じる。つまり、日本人は知らず知らずのうちに新型コロナ対策ができており、そのため政府の対応が大きく失敗しても欧米のように大事になっていない可能性があるのだ。

このような奇跡的な出来事は、たまたま運良く存在することもあるがそれを

新型コロナ対策としてのBCG接種の検証結果

BCGワクチン接種義務の制度化が新型コロナウイルスの拡散率を低下させる可能性を示唆

2020年08月25日

北山忍 こころの未来研究センター特任教授（ミシガン大学教授）らの研究グループは、BCGワクチン接種義務の制度化が新型コロナウイルスの拡散率を低下させる可能性を示唆しました。

新型コロナウイルスによる感染者数や死亡者数は国ごとに大きく異なります。この事実の説明として、BCGワクチン接種義務の制度が関わっているのではないかと議論されています。しかし、現在のところ、国際比較データの分析に伴う方法的問題から結論は明らかではありません。

そこで本研究グループは、まず国ごとの流行の初期における感染者数と死亡者数の増加率を見ることにより報告バイアスの効果を排除し、さらに、様々な交絡要因を統計的に統制しました。その上で、計130数カ国を比較した結果、BCGワクチンの接種を少なくとも2000年まで義務付けていた国々では、そうでない国々と比べて、感染者数、死亡者数共に増加率が有意に低いことを見出しました。この結果は、BCGワクチンの接種義務を制度化することにより、新型コロナウイルスの流行を将来的に抑制できるという可能性を示唆しています。そこで今後、各国ごとに、このような制度を採用・維持するための議論が必要になるかと思われます。

本研究成果は、2020年7月31日に、国際学術誌「Science Advances」に掲載されました。

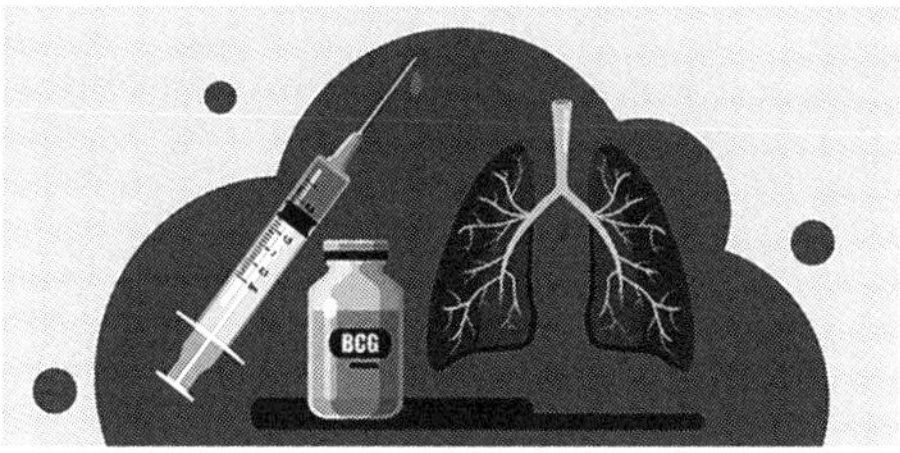

図：本研究のイメージ図

京都大学のホームページより

期待するのは危険である。それは、太平洋戦争で十分身に染みたのではなかったか。日本は一八九四年に始まった日清戦争で勝利し、その一〇年後に始まった日露戦争でも勝利した。これは、当時ロシアという大国に日本がかなうはずがないという前評判を覆す結果で、世界を驚かせる出来事であった。その奇跡的な出来事を経験したからこそ、太平洋戦争で日本中が焦土となる大敗を喫したと言っても過言ではない。太平洋戦争の末期には、どれほど不利な状況でも「日本は神風が吹くので勝利する」と一二〇〇年代の元寇を意識したかのような表現をしていたくらいだったのだ。なまじ、国土が占領されるほどの負けをそれまで経験しないでいたことで、太平洋戦争でも〝何とかなる〟と考えていた節がある。これこそが、危機管理能力の低さが極まって国家の一大事に繋がった事象と言える。

一方で、それと反対の事例が数多く見出せる時代が日本にも存在する。戦国時代である。あの時代は、危機管理の欠如が自らの一族の滅亡に直結していたので、嫌でも危機管理を徹底する必要があった。特に戦国時代に名を馳せた有名な武将は、危機管理能力が軒並み高かったと言えよう。

その代表例として、織田信長に登場してもらおう。織田信長の有名な戦いに〝桶狭間の戦い〟が挙げられる。〝東海一の弓取り〟と言われた、当時最も天下人に近いとされていた今川義元を信長が打ち破った戦いである。この時、信長は二七歳、血気盛んな時期で多少無茶をした部分もある。しかし、最終的には奇跡的な勝利を見事に収めている。

ただ、実は単なる奇跡ではない。桶狭間の戦いとは、織田信長の緻密な情報戦略が功を奏した戦いだったのである。軍勢の数だけで見ると織田方三〇〇〇～五〇〇〇に対し、今川勢はその五倍以上の二万五〇〇〇。誰がどう見ても勝てる戦いではなかった。しかし、それをはねのけるだけの情報戦略を信長は行なったのである。

まず挙げるのは、兵力の分断である。織田方の兵力を小出しにしつつ情報操作を行ないながら、今川の兵力の分断を狙ったのである。桶狭間の前哨戦ともいうべき鷲津砦《わしづとりで》と丸根砦《まるねとりで》の攻防において、信長は織田方の両砦に対してほぼ援軍を出さず少数のまま据え置き、両砦ともほぼ全滅の状態に陥っているのである。そうした結果、本体同士の対決は今川勢五〇〇〇、織田勢二〇〇〇〜三〇〇〇と肉薄した状態を作り出したのだ。そして信長は、ここでも一計を案じている。わずか三〇〇の兵で突撃させ、囮《おとり》にしたのだ。その対応によって手薄になった今川本陣に残りの全軍を突撃させ、見事義元を討ち取ったのである。

この桶狭間の戦い後、戦の常である論功行賞《ろんこうこうしょう》を行なったわけだが、ここで信長の差配には皆が驚いた。通常、戦で最も評価されるのは一番槍を付けた者や大将首を取った者だ。今回では今川義元に一番槍を付け、見事に討ち果たした服部小平太と毛利新介という適任がいた。しかし信長が最も評価したのはそのどちらでもなく、梁田政綱であった。これに周りの武将たちは驚いた。というのも、桶狭間の戦いにおいて梁田は戦いの場でどこにいたかも皆が知らず、目立った功績を挙げていないように見えたためだ。

しかし梁田は、実は隠密行動を取っていた。梁田が行なったことは、今川義元がどこにいるか正確な位置情報を信長に伝えていたのである。それによって桶狭間で見事に今川義元の首を挙げることができたわけで、この情報に対して論功行賞一等としたところに信長の凄《すご》みがある。一方、義元側はそのような情報戦略を行なっていなかったために敗軍として首を晒されたとも言える。信長がどこにいるのかが明らかであれば、そこに大軍を配して圧勝できたはずである。これが桶狭間の戦いでの信長と義元の危機管理能力の差であり、これによって勝敗を決したと見ることもできる。

さて、桶狭間の戦いにおいて奇跡的に勝利を掴んだことが信長の危機管理能力をさらに高めることになる。というのも、信長は桶狭間の合戦を境に戦闘スタイルを変えているのである。それ以降の合戦は、常に敵兵よりも多くの兵で戦闘に当たるなど、絶対に勝てる条件が揃わなければ決戦に臨まないようにしている。有名な「金ケ崎の退《の》き口」などまさにその好例だ。怒涛の勢いで北陸の朝倉勢を攻め立てる中、義弟である浅井長政に裏切られてあわや挟み撃ちになるかという時、信長の決断は早かった。わずかな手勢で、一目散に京の拠点まで逃げ戻ったのである。

しかし、金ケ崎の退《の》き口は信長絶体絶命の危機と言われているが、果たして本当にそうだったかは怪しい。というのも軍勢で見ると、織田・徳川の連合軍の方が浅井・朝倉の連合軍の方よりも数が多かったと言われているのである。つまり、そのまま戦っても勝利していたかもしれないのだ。

しかし、ここが信長の危機管理の凄《すご》みである。挟撃という敵が勢いに乗りやすい状態で勝ち負けがわからない戦いをするよりも、早々に兵の撤退を決めたのである。そして、後日仕切り直した姉川の戦いで浅井・朝倉勢に見事勝利しているのである。軍勢は浅井・朝倉軍一万八〇〇〇に対して織田・徳川軍二万八〇〇〇という、万全の体勢で戦いに臨んだわけだ。

今川義元を討ち果たした信長は、それに驕ることがなかった。自分は戦の天才であり、自分が負けるはずがないと高《たか》を括《くく》ることをしなかったのだ。それどころか、自分が起こしたことは奇跡だったことを誰よりも理解しており、それ以降はそのような奇跡をまったく期待しなかったのだ。逆に、今川義元のようになってはいけないと常に気を抜かず、有利な体勢で戦闘に入るように心がけたのである。

奇跡は、そう頻繁には起こらない。危機管理に奇跡を期待するのは厳禁である。むしろ、最悪を想定しながら危機管理を行なうべきなのである。

人類にとって究極の危機管理を迫られた瞬間

危機管理の例として戦国時代の織田信長を挙げたが、今度はもっと近代における危機管理の例を挙げておこう。それは、人類が最も滅亡に近付いた危機に取られた対応である。その危機の名前は「キューバ危機」、一九六〇年代のアメリカの話である。

キューバ危機は一次と二次の二回あった。キューバ危機の背景には、第二次世界大戦後より続く米ソ冷戦がある。一九五九年に起きたキューバ革命で親米軍事独裁の大統領が倒され、フィデル・カストロが首相の座に就いたことで、アメリカがキューバを敵国認定したのである。そして、在米キューバ人の亡命者の部隊を編成し、カストロ政権の打倒を試みたのだ。これが一九六一年の話で、四月一五日キューバ軍機に偽装した機体がキューバ空軍の飛行場を爆撃すると、一七日には亡命者の部隊がピッグス湾の浜から上陸侵攻を開始した。

しかし、これは失敗に終わる。ソ連の援助を受けたキューバ軍により亡命者の部隊はピッグス湾の浜に封じ込められ、制圧されたのである。この亡命者に対するアメリカの扇動は、世界から非難されることになった。批判を浴びたのは、その時の大統領ケネディであった。この一連の動きを、「第一次キューバ危機」または「ピッグス湾事件」と呼ぶ。

この事件後、キューバはアメリカから完全に離れソ連に接近、翌年一九六二年に秘密裡の軍事協定を結んだのである。この軍事協定によって持ち込まれた核ミサイルによって、「第二次キューバ危機」が起きることになる。そして、この第二次キューバ危機こそが人類が最も滅亡に近付いた危機である。キューバを介して、米ソ冷戦が本当の戦争に発展しかねない事態であったのだ。しかも、お互い核ミサイルを保有した国同士の戦いで、下手をすると地球の北半球には二度と住むことができない状態になりかねなかったのである。

第二次キューバ危機は、一九六二年一〇月にアメリカの偵察機がキューバに建設されている核ミサイル基地を発見することから始まる。写真解析によってミサイル基地の存在が明らかになり、その写真がホワイトハウスに持ち込まれると、ケネディ大統領は国家安全保障会議の緊急開催を行なった。一〇月一六日のことである。

そこから決着を見る一〇月二八日までの一三日間は、濃厚な緊迫した時間であった。この一三日間は、人類が最も滅亡に近かった時間といえるだろう。

最終的にはソ連のフルシチョフ大統領が一〇月二八日にケネディ大統領にミサイル撤去の旨を伝えてことなきを得るのだが、その間のケネディ大統領は国家安全保障会議を発展させた国家安全保障会議執行委員会（通称：エクスコム）で議論に議論を重ねている。あらゆるシミュレーションをしながらそれに対応する案を複数出し、またピッグス湾事件での反省から早急な軍事行動を起こさないよう慎重に、しかしある程度大胆な対応をこの限られた時間の中で議論し、決断しているのである。一手でも間違えると、核ミサイルの攻防という取り返しのつかない未来になりかねない状態で、慎重に、大胆に、そして迅速な判断をして行くのである。

この特別な一三日間（キューバ危機）をテーマにした『13デイズ』というタイトルの映画があるので、実際に何が起きていたのか詳しいことを知りたい方はぜひ映画を観てみてほしい。いずれにしても、過去には人類が滅亡するか否かという究極の危機管理を迫られた時があったわけで、そのような過去の事例を学びながら日本政府はもっと危機管理能力を大幅に高めてほしいものだ。

危機管理省の創設が必須

現代の日本に、織田信長くらい危機管理能力の高いカリスマをもった指導者が出てくれば、強力なトップダウン形式で今ある問題はすぐ解決するだろう。それが期待できない場合、どういう解決手段を取るべきであるかを考えた際、ここでは「危機管理省」の創設を提言しよう。

今回の新型コロナの臨時対応として一旦は危機管理庁の設立をするわけだが、それをさらに進めて総合的な国家の危機管理を行なう内閣直属の「危機管理省」をこれから三年以内に創設するのである。省は庁よりも格上の組織で、国家行政組織法三条で「内閣の統轄の下に行政事務をつかさどる機関」とされている。庁であれば、各省にまたがる関連機関の取りまとめを行なうのは困難だが、省にすればそれがやりやすいのである。もっとも、その省には必要に応じて特別で強大な権限を持たせることを忘れてはいけない。

この省を作る目的は、何も新型コロナの対策だけではない。二一世紀はウイルスの時代であり、これからも人類の脅威になり得る感染症は発生するだろう。そして、脅威はそれだけではない。感染症によるパンデミックの他に災害や原発事故、ハッキング、果ては戦争と国家を揺るがしかねないあらゆる有事がこの地球上には存在している。

このような有象無象の危機に対して、どうも日本人は平和ボケしているようで他人事のように考えている節がある。しかし、どうして地球上で起きていることが日本だけは起こるはずがないと言えるのだろうか。これこそ、何かありそうな時でも〝神風〟が吹いて何とかしてくれるという、奇跡を期待する太平洋戦争時の日本と何ら変わらない発想である。いい加減、目覚めた方がよい。普段から危機意識をしっかり持つと同時に、一刻も早く体制づくりをする必要がある。

一九九五年に阪神大震災が発生した際、官邸の通信手段としてFAXが一台しかなかった状態だったが、それではお話にならないのだ。また、菅元官房長官はその在任中、危機管理担当として北朝鮮のミサイル発射に備え、議員宿舎で枕元に携帯電話を置いたまま寝ていた話があるが、そのようなアナログな体制で十分なはずがない。国家的有事にいつでも対処できるよう、専門家グループによる研究、そして体制づくり、自衛隊の使い方の見直し、必要な機材や物資の備蓄、生産体制まで、すべて事前にシミュレーションと研究と演習を行なっておくことが必要なのである。そのようなことを担う組織として、危機管理省を創設するのである。

備える事項は山ほどある。日本は災害大国だから、地震や台風への備えはもちろん十分にする必要がある。ただ、実はそれよりももっと重大な、発生すると致命的な打撃を被りかねない災害がある。それは、富士山噴火だ。

風光明媚な富士山はご存じの通り活火山である。歴史を遡ると、思ったより頻繁に噴火が発生しており、その度に甚大な被害をもたらしてきた。文献が残るところで西暦四八二年頃に噴火し、それ以降は長い時で三〇〇年ほど、短い時で数十年の間隔を経て噴火を繰り返してきた。その富士山が一七〇七年の宝永大噴火を最後に今に至るまで沈黙を続けているのである（鳴動、噴気など噴火を感じさせる現象はその間発生しており、直近では一九二三年に噴気が確認されている）。これは、富士山が活火山として活動している証でもある）。その間、三〇〇年を超えている。周期で考えると現在の富士山は、いつ噴火してもおかしくない状態にあるのだ。それに対して十分な備えができているとは、到底考えられない。宝永大噴火の時でも復興までに一〇〇年ほどの年月がかかったという話もあるぐらいで、甘く見ると大変なことになる。

　さらに、人災にも注意する必要がある。中国・北朝鮮の動向には絶えず目を配り、究極の人災ともいうべき戦争に対するシミュレーションも怠ってはならない。そして、今すでに生起している攻撃としてハッキング攻撃が挙げられる。二〇一七年にビットコインをはじめとした暗号資産バブルが発生したが、それに冷や水を浴びせたコインチェック（日本の暗号資産の取引所）へのハッキングは、北朝鮮の仕業と言われている。他にも北朝鮮によるハッキングだろうと考えられるものは世界中で起きており、徐々に被害額が多くなっているため早急に体制を整えておく必要がある。

　また、電磁パルス攻撃にも備える必要がある。電磁パルス攻撃は、北朝鮮が攻撃手法の一つとして言及し話題になった。超高空で核爆発を起こし、そこから発せられる強力な電磁パルスで、情報システムやセンサーなどあらゆる電子機器を無力化する攻撃である。やられたら甚大な被害が発生する可能性が大きいが、それをどう防ぐのか。

富士山噴火の歴史

噴火年数（西暦）	間隔
482年頃	
	299年
781年	
	19年
800〜802年	
	62年
864〜866年	
	71年
937年	
	62年
999年	
	16年
1015年頃	
	18年
1033年	
	50年
1083年	
	352年
1435年（または1436年）	
	76年
1511年	
	196年
1707年（宝永大噴火）	
	?年
???年	

Wikipediaのデータを基に作成

ハッキングや電磁パルス攻撃は、恐ろしいことに北朝鮮が国力を挙げて取り組んでいる事柄だけに日本も国の重大案件として対応する必要がある。民間に一切を任せておいて不測の事態が起きた時に規制を強化したような、以前のコインチェックに対して取った対応ではもはやダメなのである。なるべく早く専門家を用意し、危機管理省において国家主導で取り組む必要があるのだ。

専門家を養成する

危機管理省を創設した際、専門家をどのように集めるかという問題がある。日本ではこれまで危機管理を軽視してきた影響で、適任者はどうしても不足している。しかし、これに関する知識は人間が生きて行く上で最も重要な知識の一つと言っても過言ではない。だから、長期的な計画としては危機管理を学校の初等教育にも導入し、人材を各分野で育成した方がよい。

今回の新型コロナの対応は、及第点にまったくおよばないまずいものであっ

日本の取るべき危機管理対応

**① 今すぐに
危機管理庁の設立**

**② これから3年以内に
危機管理省の創設**

**③ 長期計画として
危機管理を学校の
初等教育に導入し、
各分野での
人材育成を行なう**

たが、それ以前に起きた東日本大震災後の福島第一原発事故の対応も同様にひどいものであった。このように政府の危機管理能力の欠如が露呈し、二回とも首相が交代する事態にまで発展したわけだ。このようなことが二度と起こらないように、政府の危機管理能力を飛躍的に高めるべきであるし、それに留まらず日本国民全体の危機管理能力を引き上げるべきである。そのための第一歩として、菅首相の掲げるデジタル庁構想は良いアイデアであるが、それをさらに発展させたもっと大胆な根本的な対応と政策が必要である。

第五章

本物のイノベーション国家へ
目覚めよニッポン!!

デジタル革命に乗り遅れた日本

一八四三年に創刊したイギリスを代表する経済誌『The Economist（エコノミスト）』は一九六二年、「Consider Japan（驚くべき日本）」と題した特集を組み、日本が米国に次ぐ世界第二位の経済大国になるといった長期予測を発表し、世界中を驚かせた。結果は、ご存じの通りである。

太平洋戦争で米国にコテンパンに打ちのめされてからわずか三〇年ほどしか経過していなかった一九七〇年代に、日本の国内総生産（GDP）は世界第二位にまで上り詰めた。その後にバブル崩壊を経たが、一九九〇年代にはアメリカに肉薄するまでに至る。この時の日本のGDPは、世界の約一八％を占めるに至った。「一九九五年には、米国の新聞が日本のコングロマリット（複合企業）の産業的偉業の記事であふれかえっていた」（フィナンシャル・タイムズ二〇一九年二月六日付）。

しかし、その後は「失われた二〇年」といういわゆる長期停滞の時代に突入する。日本のＧＤＰは二〇〇〇年代から伸び悩み、二〇一〇年には世界第二位の座を中国に明け渡し、直近ではＧＤＰにして中国に三倍以上の差を付けられるに至った。

かつて日本を称賛したエコノミスト誌の編集部は二〇一二年、『Megachange（大激変）』（邦訳版は『二〇五〇年の世界（文藝春秋刊）』）と題した長期予測を発表。一九六二年とは打って変わって、日本の未来をこれでもかと悲観視した。予測によると、日本は二〇五〇年までに被扶養者数と労働年齢人口の数が肩を並べ、「超々高齢社会」に突入する。すなわち、働いている人の数と働いていない人の数が同じになるということで、このような社会は人類史上初のことだと指摘。明らかに持続不可能であることから、同書はこう断言している――「日本は、世界で最も悲惨な二〇五〇年を迎える」。

人口動態や財政といった、明らかに持続不可能だと言える日本の長期トレンドについては他の章で述べているためここでは割愛するが、私にはもう一つ気になっている点がある。それは、この国にはイノベーションが不足しているのではないか、ということだ。

こういうと製造業の方面からは決まって次のような反論がくる。「確かに最終製品の観点からすると日本の製造業は世界市場で目立たなくなってきているが、ハイエンド（高性能）の素材や部品といった分野では日本は依然として製造強国であり、そこで多くの利益を出している」というものだ。私はこうした反論に反論する気はない。まさにご指摘の通りだ。事実、日本の製造業は汎用品といったローエンドからハイエンドにシフトチェンジして生き残りを図っている。

たとえば、私が愛用しているアップル社の「iPhone11（pro）」は、とても高性能なカメラを搭載しているのだが、そこに採用されているのはソニー製のイメージセンサー（光の強弱を電気信号に変換する半導体素子。フィルムカメラのフィルムに相当する）だ。ソニーのイメージセンサーは、iPhone11シリーズだけでなく他のハイエンド・スマートフォンにも多く採用されている。イメージセンサーの世界シェアでソニーはトップだ。

世界的にメイド・イン・ジャパンの最終製品を見かけることは以前より明らかに減ったが、ソニーに限らず日本の製造業は縁の下の力持ちとしての役割を高めており、素材や部品といった分野では絶えずイノベーションを起こしている、という点に誤りはない。

問題は、違う部分にある。日本政府はかねてからイノベーションによる生産性の向上を至上命題にかかげているが、日本経済の生産性を研究している学習院大学の滝澤美帆教授の『生産性レポート vol.13　産業別労働生産性水準の国際比較　二〇二〇年五月』によると、「米国を一〇〇とした時の日本の生産性は、大半の産業で下回る」ものの「製造業は六九・八」とまずまず健闘している。

問題は、サービス産業の生産性が異様に低いということだ。滝澤教授によると、「サービス産業は四八・七と米国の半分にも満たない」。日本のサービス産業の生産性は、ＯＥＣＤ（経済協力開発機構）加盟三六ヵ国の中でもかなり低いところに位置しているが、その原因の一端は日本社会の「デジタル化」の遅れにあると言われている。これはすなわち、日本が第三次産業革命に出遅れたという証左だ。

ここで、過去の産業革命について簡単に説明しておきたい。人類の歴史を振り返ると、一七〇〇年代の半ばまで人口一人当たりの生産性の伸び率は、ほぼゼロであった。人口の増加による成長を除けば、ほとんどの時代で人類は（経済的な意味で）成長できていなかったのである。この時期までの人口一人当たりの平均所得は、（現在の価値に置き換えると）一日約三ドルであった。それが現在では、三三ドルにのぼる。

近代になって一人当たりの所得が飛躍的に伸びた原因は何か？　それこそが「産業革命」である。一七五〇年にイギリスで始まった「第一次産業革命」は、「蒸気」という新たな動力の出現によって、人類社会に文字通りの大激変をもたらした。当時を生きた人にしてみれば、物資や人を運ぶ動力が馬から鉄道（蒸気機関）に変わったという衝撃はすさまじいものであっただろう。こうした交通（運輸）革命に加え、繊維工業の機械化による「工場」の誕生が多大なる生産性の伸びをもたらした。

一八〇〇年代の後半に入ると、人類社会はさらに大きな変化を迎える。それが「第二次産業革命」だ。第二次産業革命ではさらに多くの汎用技術（様々な用途に応用し得る基幹的な技術）が登場することとなる。具体的には、「電気」「内燃機関」「石油」「化学薬品」「上下水道」「通信」（無線や電話）などの普及によって、第一次産業をはるかに凌《しの》ぐほどの変化が人類にもたらされた。さらなる大量生産が可能となったことにより、一人当たりの生産性が爆発的に増加したのである。人類の平均寿命もこの期間に劇的に延びることとなった。フィナンシャル・タイムズによると、一九世紀後半に始まった第二次産業革命はおよそ一〇〇年以上も続き、世界的な生産性の伸び率は第二次世界大戦後の二五年間でピークに達した。

戦後の日本は、この第二次産業革命の終盤で飛躍的な発展を遂げたと言える。そこには勤勉で実直、世界から学ぼうという日本人の姿勢があったということは間違いない。

しかしこれは日本に限ったことではないが、第二次産業革命による世界的な生産性の向上は、一九七〇年代から徐々に勢いを失った。ところが、一九七〇年代にピークを打った世界的な生産性の伸び率は、一九九六年から二〇〇四年にかけて一時的に加速している。その大きなきっかけが「第三次産業革命」だ。今回の主役は「コンピュータ」や「インターネット」、これらが誕生したことによって現代では世界中の「情報」を瞬時に取得することが可能となっている。さらには半導体の登場によって、生産の現場では飛躍的に自動(オートメーション)化が進んだ。

しかし、第三次産業革命は過去の二回の産業革命と比べると、生産性の向上に対するインパクトははるかに小さい。また、インターネットの登場は労働の格差を生んでいる。こうした点はあるものの、アメリカなどは第三次産業革命の推進によって生産性を向上させることに成功した。

かつての高度経済成長に安住したのか、日本はこのデジタル革命に乗り遅れたと言える。その結果、日本の付加価値労働生産性(いわゆる稼ぐ力)の伸び率は一九九〇年代から転げ落ちるように低下し、現在ではG7諸国(アメリカ、イギリス、カナダ、ドイツ、フランス、イタリア、日本）の中であの慢性的な経済停滞に苦しむイタリアよりも低い。ＯＥＣＤ加盟三六ヵ国中でも二一位だ。日本の潜在成長率は一九八〇年代には年四％を上回っていたが一九九〇年代から急落。二〇〇五年に一％を割り込み、以来ゼロ％台の成長率が定着している。

日本がデジタル化に乗り遅れた大きな理由として挙げられるのが、設備投資の減少だ。日本企業の多くは少子高齢化によって内需が縮小すると見込んで設備投資を減らしているが、その結果、情報技術（ＩＴ）への投資も進まなかったと考えられる。もちろん、政府の無作為による部分も大きい。

世界は、第三次産業革命から「第四次産業革命」（インダストリー四・〇）へと移行し始めている。第四次産業革命という言葉は、二〇一二年にドイツが初めて使ったことで広く知られるようになった。昨今ではドイツだけでなくアメリカや日本、中国や韓国といった多くの国が第四次産業革命を主導しようと国家戦略に取り込んでいる。国や人によって定義は異なるが、俗に言う第三次と第四次の違いはＡＩ（人工知能）の存在だ。今はコンピュータや機械の操作、調整、制御は人間が担っているが、第四次では人間に代わってＡＩがそれらを操ることとなる。

最近、何かと話題にのぼる車の自動運転をイメージしていただきたい。今は運転もナビゲーションも人間が担っているが、いずれは運転からナビまでＡＩが担う時代がやってくると言われている。その車は、極めて高度な通信技術によって瞬時に運転に必要なありとあらゆるデータを収集し（周囲の状況を把握し）、混んでいる道があればそこを避け、道路に障害物があればそれも避けてしまう。またＩｏＴ（モノのインターネット）の進化によってその車に乗る者は、自宅のセキュリティや冷蔵庫の中身（足りないものを補充することも）、さらには自分の子供がどこで何をしているかまで知ることが可能になるのだ。

製造の現場でも劇的な変化が起きると言われている。これは、すでに進行しつつあるが部品を組み立てて完成品を作る時代は終わり、コンピュータ上で製品を設計、それを三次元プリンターで印刷すれば完成するといった具合だ。これにより、消費者は自分だけの商品を発注できるようになる（これをマスカスタマイゼーションという）。画一的な商品を大量に生産する時代が終わるというわけだ。商品の配達も、ＡＩが制御するドローンや自動運転が担うことになるだろう。

このような第四次産業革命が、世界的な生産性の伸びにインパクトをおよぼすかという点を巡っては議論の余地があるが、世界中がそこに向かって突き進んでいるというのは事実だ。そして残念なことに、日本はここでも後塵を拝しかねないと囁かれている。

世界の株式時価総額ランキングに見る「日本企業の凋落」

説明するまでもなく、今は「テック」（ハイテク）全盛の時代だ。その証拠に世界の株式時価総額ランキングの上位は、情報通信技術（ＩＣＴ）のガリバー企業がほぼ独占している。前出の一〇六～一〇七ページの図をご覧いただきたい。これは一九八九年の時価総額ランキングと現在のランキング（トップ50）

だ。日本企業の凋落と世界的なテック企業の隆盛という時代の変遷が一目瞭然である。ランキング上位では、米中のテック企業がしのぎを削っており、悲しいかな日本からランクインしているのはトヨタ自動車ただ一社だけだ。

日本から巨大テック企業が輩出されていないのは寂しい限りだが、言い方を変えると、これは日本が第三次産業革命に出遅れたということの何よりの証拠である。なぜ、日本から世界的に有名なテック企業が誕生しないのか。これは方々から分析がなされているが、私は過去の成功体験に固執し、デジタル革命の重要性に気付けなかったという点にこそ原因があると思っている。しかも、ここにきても日本勢の追い上げは中途半端な面が否めず、これは「次世代に乗り遅れた」という危機感を社会全体で共有できなかったということに原因があるのではないか。もしくは、現状においてもそもそもデジタル革命の必要性すら感じていないという可能性も考えられる。

私も基本的にデジタルデバイド（コンピュータやインターネットなどの情報技術を利用したり使いこなしたりできる人とそうでない人の間に生じる、貧富や機会、社会的地位などの格差。個人や集団の間に生じる格差と、地域間や国家間で生じる格差がある）の使えない方の人間なので、あまり偉そうなことは言えないが、私のような六〇代以上の人間が情報技術の革新性を軽視してきたきらいは否定できない。私も含めて猛省すべきだ。

デジタル革命のために規制改革の徹底を

これは情報技術に限った話ではないが、規制が企業の新規参入を阻害しているという点もあるだろう。日本でも様々な業種のベンチャーが誕生しているが、彼らの多くがぶち当たると言われているのが、いわゆる「規制の壁」だ。

たとえば、ドローン配送のスタートアップがいたとしよう。しかし、日本では簡単にドローンを飛ばすことができない。確かにドローンを自由に飛ばすことを許してしまえば、航空機との衝突や最悪の場合はテロに使用されることも考えられるので何かしらの規制は必要だ。一方、ドローン技術の応用は、この人手不足の時代に一筋の光明となり得るだけに規制と開放の間で上手くバランスを取ることが求められる。

日本経済新聞社と日本経済研究センターが主催した景気討論会では、規制改革を政策の目玉に据えた菅政権に対し、出席者から「利用者ファーストで規制を見直してもらいたい」といった声が相次いだようだ。NTTの澤田純社長、東京海上日動火災保険の広瀬伸一社長らが出席したと伝えられている。

そこで出席者からドローンの規制に関して、具体的に利用手続きの簡素化や道路幅の拡大を求める声が上がった。広瀬伸一氏（東京海上日動火災保険社長）は、「災害の時に（被害の）状況を確認したり、事故の状況を確認したりするのにドローンを活用している」と東京海上の取り組みを紹介した上で、「いざというときに使おうとすると、事務的な手続きが煩雑で制約が多い」として手続きをオンラインで完結させるなどの簡素化を求めたという。

ただし、政府も無策ではない。数年前から「国家戦略特区」の一環として仙台市や千葉市などの地方自治体がドローン特区と称し、規制緩和によってドローン技術の向上に取り組んでいる。もちろん、こうした取り組みが真にブレイクスルー（技術革新）を起こすかは未知数だ。安倍政権の時に出された「日本再興戦略二〇一六」には、「三年以内のドローン配送実現」と謳われているがいまだに実現していない。官民共に、さらなる努力が求められる。

デジタル革命には「電波の開放」も必要のようだ。

政策コンサルティングの原英史氏（政策工房代表取締役社長）は二〇二〇年一〇月二七日付の東洋経済オンラインで「『デジタル変革』の進む社会を支える基盤として、裏面にある重要課題が『電波』だ。ＡＩもロボットも自動走行も自動飛行も、電波がなければ機能しない。（中略）旧来の移動通信（携帯電話）は、基本的に人と人をつないでいた。これからは、人口をはるかに上回るモノとモノが電波でつながり、データをやりとりするようになる。電波の重要性は飛躍的に高まっていく」とした上で、現状は政府が管理する電波の「開放」が重要だと訴える。

原氏は、「電波の帯域は有限で、とりわけ使い勝手の良い帯域は希少であることだ。電波は歴史的には、最初は防災・救急などの『行政』が主たるユーザーで、その後ラジオ・テレビの『放送』が現れ、一九八〇年代以降に『携帯電話』が加わった。使い勝手の良い帯域は、古くからの住人にとっくに占有されている。そこで、いかに帯域をあけるかが重要になる」（同前）と説明。欧米では公共用周波数の民間への開放が進んでいる中、日本は出遅れていると指摘。日本は総務省が管理しているために、電波の分野で欧米のような市場メカニズムが働いていない点を問題視する。また中国は、政府主導によって電波の再編が強力に推進されているといい、日本は「中途半端」だと喝破した。

原氏はまた、日本の現状から諸外国と比べて電波が非効率な使い方をされていると説く。「一九八〇年代の初期には『規制緩和』（deregulation）という言葉が世界中で用いられた。これが一九九〇年代以降『規制改革』（regulatory reform）と言い換えられるようになる。考え方は、規制は単にすべてなくせばよいのではなく、必要なルールは設けて競争を促進し、市場が適正に機能するようにしなければならない、ということだ」（同前）と前置きし、政府に電波が効率的な使い方がされるよう規制改革を行なうべきだと注文を付けた。

これらドローンや電波の規制に関する問題は、氷山の一角だ。多くの分野で企業の新規参入を阻害する規制がはびこっていると見られる。政治家や官僚はこうした問題を一つ一つ丁寧に精査し、時には民間の知恵を織り交ぜながら、スピード感をもって規制改革に取り組んでもらいたい。

人材の流動性が低いことも問題か

第二章でも触れたが、二〇二〇年七月一日、世界の自動車業界に衝撃的なニュースがもたらされた。長年、自動車部門では世界一の企業価値を誇ってきたトヨタの時価総額を、米カリフォルニア州に拠点を構える電気自動車メーカー「テスラ」の時価総額が抜き去ったと報じられたのである。しかも、その十数日後には日本の自動車メーカー九社の時価総額の合計を、テスラ一社だけで超えた。

トヨタは世界の新車販売ランキングで一位を堅持し続けており、販売台数でその二〇分の一にも満たないテスラの株価は、過剰評価されていると思われる。しかし、一方でテスラの将来への期待感が高まり続けていることも事実だ。

この先、トヨタがノキアの二の舞にならないとも限らない。フィーチャーフォン（いわゆるガラケー）で圧倒的な世界シェアを誇っていたフィンランドのノキアは、アップル社が世に出したスマートフォンによって完膚なきまでに駆逐された。自動車業界ではさすがにここまでドラスティック（強烈）な変化は起こらないと考えられるが、ガラケーの王様と言われたノキアがスマホの誕生から数年後に壊滅的な状態に追い込まれるなどと予想した人は、皆無に近かったのである。

私もトヨタ車のユーザーであり、トヨタには決してノキアの二の舞を演じてもらいたくはない。しかし、現実問題としてトヨタはこれからテスラなどの新興メーカーからの猛烈な追い上げに遭うだろう。

こうした状況下、楽天証券経済研究所客員研究員の山崎元氏は、二〇二〇年一〇月二八日付のダイヤモンドオンラインにおいてトヨタとテスラの関係を引き合いに出し、トヨタを含め日本企業は労働制度を見直さないと国際競争には勝てないと指摘した。少し長いが引用したい。

トヨタ自動車は日本を代表する企業であり、株式時価総額は圧倒的な一位だ。しかし、同社の時価総額は今年に入って、米国の新興電気自動車（ＥＶ）メーカーであるテスラに追い抜かれた。

そのトヨタが賃金制度の大きな変更を決めたのだが、新聞記事を読んでため息が出た（朝日新聞一〇月五日、「トヨタの賃金モデルチェンジ『定昇ゼロ』の衝撃と真意」）。関係者には申し訳ないのだが、これではテスラに時価総額を抜かれるのも当然だと思った。

記事の見出しには「衝撃」という言葉があるのだが、「定昇（定期昇給）ゼロ」は、それほどの衝撃だろうか。

トヨタの賃金制度は現在、定昇について、同一職位の社員であれば一律に決まる「職能基準給」部分と、評価によって差が付く「職能個人給」部分とで構成されている。そして二〇二一年から導入されるという今回の賃金制度変更の主な内容は、同じ職位であれば一律の定昇が保証されていた職能基準給部分をなくし、全てを評価で決まる「職能給」に統一したということだ。仕組み上、最低評価の場合には「定昇ゼロ」があり得ることになる。

しかし、新制度は来年四月の定昇から反映されるのだが、「日本の製造業ではトップクラスの水準にある」と記事にもある現行の給料水準は下がらないという。最低評価でも給料が下がらないのだから、他の企業に勤める社員から見て、相当にうらやましい条件ではないか。

毎年一律の昇給がなくなると、勤続年数に応じてどの程度給料が上がるのかの予定が立てにくくはなる。しかし、雇用と現行の給料が維持されるのであれば、生活設計は少しも難しくないはずだ。

年収が個人のパフォーマンスで大きく上下し、そもそもクビの心配もしなければならない外国企業の社員から見ると、全くの「ぬるま湯」だ。これで国際的な競争に勝てるとは到底思えない。

トヨタのような巨大企業に、日本企業の「トップランナー」を期待するのは現実的ではないのかもしれないが、天下のトヨタが「働かせ方」の仕組みについて、このレベルでもたもたしているのを見ると、日本企業全体がいささか心配になる。

（ダイヤモンドオンライン二〇二〇年一〇月二八日付）


そして山崎氏は、日本は解雇の金銭解決のルール作りが必要だと指摘する。要は、人材の流動性を高くして行かないとこの変化が激しい時代において日本企業が競争力を持つことはできないというわけだ。

もはや、日本社会の長年の伝統であった「終身雇用」といったモデルが空疎化する中、人材の流動性を高めよという指摘には一理ある。「従業員を大事にするのが日本企業の強みだ」という意見もあるが、もう少し解雇をしやすくしてみてはどうか。解雇をしやすくなると、社会不安が起こる可能性もあり労働制度の改革には絶妙なバランスが求められるが、競争力が低下しすぎて日本経済自体が沈没してしまっては元も子もない。労働制度の改革は、大いに知恵の出しどころである。

ゾンビ企業もイノベーションには有害

オーストリア学派の出自である著名な経済学者ヨーゼフ・シュンペーターは、資本主義の最大の原動力は「創造的な破壊」にあると説いた。また、かつて米イースタン航空のCEO（最高経営責任者）を務めたフランク・ボーマン氏は、「資本主義には倒産が付きものだ。キリスト教に地獄があるように」と指摘している。

シュンペーターに代表されるオーストリア学派に言わせると、二〇〇八年のリーマン・ショック後や今回のコロナショック後に世界中の中央銀行が実施した低金利政策（および各国政府が実施した財政出動）は〝悪〟だ。それも究極の悪である。経済危機の際における政府の介入がこの倒産（創造的破壊）を妨げている、というのがオーストリア学派の主張だ。

「平均すると、一九八七年以降、米国、日本、オーストラリア、西欧で企業全体に占めるゾンビの割合が二％から一〇％へと五倍に跳ね上がった。ゾンビが世間を徘徊しているのだ」（フィナンシャル・タイムズ二〇一八年二月一四＆一五日付）。ちなみにＢＩＳ（国際決済銀行）によると、ゾンビ企業とはある基準に照らし合わせて利払い能力に疑念がある企業を指す。

では、なぜゾンビ企業が心配な存在なのか？　ＢＩＳは報告書で「信用緩和のおかげで生産性の低い企業が存続しているため、『市場は供給過多に陥り、生産性の高い企業の成長が抑えられている』」（ウォール・ストリート・ジャーナル二〇一七年一一月一〇日付）と説明する。

前出のフィナンシャル・タイムズの説明はよりわかりやすい――「あるゾンビ小売店が目抜き通りのスペースを占めていたとしたら、スタートアップ企業や成功している競合店が入居するのが難しくなり、高く付くようになる。広告スペースから電力に至るまで、あらゆる経営資源についても同じことが言えるし、もちろん人材にも同じことが当てはまる」。

最近でこそ先進国は一様に低金利となっているが、日本は早くも二〇〇〇年代からゼロ金利が定着していた。失われた二〇年と呼ばれる間、本来であれば潰れてもおかしくはない企業でさえも金利の低い借金や政府の支援によって生き永らえたことにより、経済の新陳代謝がほとんど起こらなかったのである。まさに、〝ぬるま湯〟という環境に慣れ切ってしまったと言え、これではイノベーションが起こらないのも無理はない。

最大の危機は「危機感の欠如」。目覚めよニッポン!!

「世界最高だったノキアも没落しました。慢心してはなりません」――韓国のサムスン電子がスマートフォンのシェアでトップだったアップルを抜き世界一位となったのは二〇一一年のことだ（それから現在まで一位を維持している）。それから三年後の二〇一四年、韓国ソウル・瑞草洞《ソチョドン》にあるサムスン社屋のあちらこちらに設置されたモニターにこのようなメッセージが映し出された。それも一日中である。最初、サムスン電子の社員たちは「そんなこと常識でしょ」と大して気にしていなかったようだ。しかし一日中そのメッセージを見続けたことにより、仕事を終えて会社を出る頃には相当な緊張感で満たされていたという。

二〇二〇年一〇月二五日に亡くなった李健熙《イ・ゴンヒ》サムスン電子会長は、「危機経営」で知られた。一九八七年にサムスン電子の第二代会長に就任した李氏は、一九九三年二月にアメリカを出張中、サムスン製品がほこりをかぶって隅に置かれているのを目撃。同年六月のドイツ出張中ソウルに電話をかけ、社長と役員全員、海外駐在員ら二〇〇人あまりをフランクフルトに集めた。そこで李氏は「比較展示会」なるものを開き、自社の製品とソニー、松下電器（現パナソニック）、フィリップス、シーメンスなど世界的な家電ブランドの製品を同列に並べて皆に披露。すると突然ハンマーで自社の製品をたたき割り、こう彼らを怒鳴り付けた――「すべての製品を新しく作りなさい」。そして、その直後にこう言い放ったという――「妻と子供以外、すべて変えろ」。

李氏はサムスン電子の「中興の祖」と言われるように、彼の時代にサムスンは著しい躍進を遂げる。一九九二年にはDRAM半導体で初めて世界シェア一位を獲得、二〇〇六年にはフラットパネルテレビで世界一位、二〇一一年にはスマートフォンでアップルを抜き世界一位となった。現在、サムスンの世界シェア一位の製品は二〇品目に達する。特に二〇〇二年四月は、サムスンにとって輝かしいものであった。その時、サムスンは初めてソニーの株式時価総額を抜き社内はお祭りムード一色となったのだが、李氏は中枢の人間をサムスン人材開発院に集めて、「五年後、一〇年後に何の事業でやって行くのかを考えると、背中から冷や汗が出る」と一喝したという。

半導体景気に乗り、利益が初めて二〇兆ウォンを超えた二〇〇四年にも、李氏は社員に危機意識を植え付けることを忘れなかった。同氏は、「すべてが最もうまく回っている今が、最も大きな危機的な状況だ」と社員を叱ったという。

二〇〇七年には「中国は追い上げ、日本は先に行く状態で、韓国はサンドイッチだ」と有名なサンドイッチ論を持ち出し、二〇一〇年にもこういった言葉も残した――「今後一〇年以内にサムスンを代表する主力製品の大部分はなくなる。今が本当の危機だ」。念頭にあったのは、中国勢の激烈な追い上げである。また、李氏は亡くなる直前まで「まだまだ日本から学ぶ点は多い」という姿勢を貫いた。

ハッキリ言わせてもらおう。危機意識を常に持ち、また常に学ぶ姿勢を持つ、という李氏のような謙虚さが今の日本にはない。

よく耳にするイノベーション国家の代表例は、アメリカ、中国、台湾、シンガポール、イスラエルなどだが、これら国家には共通点がある。それは、安全保障を基本的に自分たちで担っているということだ。安全保障を自ら担うということは、健全な危機意識を常に保つということである。もちろん、政治家だけでなく国民もだ。

こうしたスタンスが日本には欠けているのではないか。歴史的にも、危機感こそがイノベーションを起こしてきたという証左がある。

「ピョートル大帝時代のロシア、明治時代の日本、そして当時のソ連による世界初の人工衛星スプートニク一号で、打ち上げ競争に先行された米国に至るまで、国家がもっぱら政治的な理由から全力で技術開発に取り組む例はままあった。こうした国家間の競争はある部分では、人類の技術発展にとって健全とも言える」(ロイター二〇二〇年一〇月二一日付)。

今一度、日本は総力戦で技術向上に取り組まなければ、冒頭でエコノミスト誌が指摘したように日本は「世界で最も悲惨な二〇五〇年」を迎えてしまう可能性が極めて高い。コロナ禍より以前に頻繁に海外旅行した人ならわかるだろう、いかに日本製品の存在感が低下しているかを。

確かに、中核部品の分野で日本が先行していることは大いに評価できるし、今後もその強みをより伸ばして行くべきだ。しかし、海外で日本の最終製品を見る機会が著しく減ったことは日本人として率直に寂しい。メイド・イン・ジャパンの最終製品が姿を消すと同時に、日本の国際的な存在感も低下してきていると感じる。世界の株式時価総額ランキング50に日本からトヨタ一社だけしか入っていないのは、決して偶然ではないはずだ。

テック分野での存在感はさらに低い。イギリスの評価機関ブランド・ファイナンスが発表した「二〇二〇年に最も価値のあるテック・ブランド」では、トップ10に日本企業のブランドが一つも入っていない。日本のブランドで最も上位にランクインしているのは、ソニー（二八位）だ。

アップル社がiPhoneを発表した直後、ノキアや日本のメーカーは「ガラケーより数倍も高いスマホは流行《はや》らない」と強がった。中には「iPhoneは大した技術革新ではない」と強がった者もいる。各メーカーは静観し、スマホ市場への参入を急がなかったため結果的に市場シェアを失った。そんな状況を省みて、iPhoneの生みの親であるスティーブ・ジョブズはかつてはジャパン・アズ・ナンバーワンの象徴であった日本のメーカーを「どの会社も固定観念から脱していない。やつらは海岸を埋め尽くす死んだ魚だ」と罵《ののし》った。

今度は日本が世界を驚かす番であろう。もちろん、課題は山積している。しかし日本人が覚醒すれば乗り越えられないことではない。事実、かつての日本人はそうして世界と競争してきた。まさに正念場であり、ここで踏ん張れないと日本は正真正銘の二流国家に転落するだろう。

日本を本物のイノベーション国家にするために

そこで私は、日本を本物のイノベーション国家にするために提言したい。私は短期的な視点では、①規制改革、中期では②官民を挙げてイノベーションを起こす人材と企業の育成、長期では③教育の改革による人材の輩出、という三本柱が必要だと考える。

また、謙虚に他国を研究することも必要だ。リバース・イノベーション（新興国で生まれた技術革新や、新興国市場向けに開発した製品、経営のアイデアなどを先進国に導入して世界に普及させるという概念）という言葉があるが、先進国・新興国を問わず勢いがあるところから貪欲に学ぶという姿勢を常に心

2020年に最も価値のあるテック・ブランド

順位	企業	国
1	アマゾン	米国
2	グーグル	米国
3	アップル	米国
4	マイクロソフト	米国
5	フェイスブック	米国
6	サムスン電子	韓国
7	ファーウェイ	中国
8	ウィーチャット	中国
9	ユーチューブ	米国
10	テンセント	中国

ブランド・ファイナンスのデータを基に作成

がけるべきだ。対象はアメリカ、イスラエル、スイス、シンガポール、中国などだ。そのためには国家的なシンクタンク、産官学が連携した大学の創設などが効果的となるだろう。そこで研究した成果や分析を基に、国の仕組みをどう改革し、どの分野に資本と人材を投入すべきかを決めるべきだ。

そして、その過程が正しく行なわれているかを精査・監督するためにオンブスマン制度（行政機関を外部から監視し、行政機関による国民の権利・利益の侵害に対する調査および救済の勧告を図る公職）の導入が必須となる。

簡単ではあるが、以上が私の提言だ。次世代の産業で〝勝つ〟ことを真剣に考え、素早く実行に移して行かないと、冗談抜きに没落は免れ得ない。

第六章　財政・少子高齢化・税制

空前のバラ撒きはわが国に何をもたらしたか？

わが国の財政は、〝もはや再建不可能〟と言う他ないほどに破滅的な状態にある。内閣府の統計によると、二〇一九年度のわが国のGDP（国内総生産）は五五二・五兆円となっている。GDPは世界第三位の規模だ。

現在、わが国はこの巨額のGDPを大幅に上回る額の借金を抱えている。財務省が発表する国債、借入金、政府短期証券などを合わせた「国の借金」は、二〇二〇年六月末時点で約一一五九兆円にのぼる。国の借金だけでなく、地方の借金もある。地方の長期債務残高は二〇一八年度末で一九四兆円となっている。単純に合計すると、一三五〇兆円を超えている。GDP比では二・五倍に迫る借金を抱えているわけで、これは世界の中でワースト一位の水準だ。

二〇一二年に二度目の首相の座に就いた安倍氏は、「大胆な金融政策」「機動的な財政政策」「民間投資を喚起する成長戦略」からなる「三本の矢」を掲げ、経済成長を目指した。首相官邸のホームページを見ると、「すでに第１の矢と第２の矢は放たれ、アベノミクス効果もあって、株価、経済成長率、企業業績、雇用等、多くの経済指標は、著しい改善を見せています。また、アベノミクスの本丸となる『成長戦略』の施策が順次実行され、その効果も表れつつあります」と誇らしげに記述されている。

しかしアベノミクスは、政府あるいは安倍氏自身が胸を張るほどの成果を上げたとは到底言いがたい。アベノミクス下におけるわが国の平均ＧＤＰ成長率は実質で約〇・九％程度だ。多くの先進国は、同じ期間一・五〜二％程度の成長を実現している。雇用については完全失業率や有効求人倍率などの指標は大きく改善した一方で、賃金はあまり上昇しなかった。生活に困窮する人が減る一方で、大多数の人が豊かさを実感できない状況が続いた。

このように、デフレから脱却したものの低成長からは抜け出せず、アベノミクスの本丸と銘打つ「成長戦略」はほとんど機能しなかったと言わざるを得ない。その一方で、黒田日銀と連携した「大胆な金融政策」と「機動的な財政政策」については確実に実施された。しかし、効果的な成長戦略を伴わない巨額の量的緩和と財政出動は、事実上のバラ撒きに終わった。

アクセル全開でアベノミクスのエンジンをフル回転した結果、少なからず景気は上向き税収も増えた。二〇〇九年度には四〇兆円を割り込むまでに落ち込んだ一般会計税収はその後おおむね右肩上がりで推移し、二〇一八年度には六〇・四兆円となった。六〇兆円を超えたのは、バブル期の一九九〇年度以来二八年振りのことであった。

税収が大幅に増え、さぞや財政も改善されたと思いきや実態は逆であった。予算は年々膨張し、一般会計予算（当初予算ベース）は二〇一九年度にはついに一〇〇兆円の大台を突破した。税収が六〇兆円あっても、一〇〇兆円の予算を組めば単純に四〇兆円不足する。その不足分の大半は、国債発行で賄われる。つまり、借金だ。アベノミクス期のわが国の財政は、収入が増えても予算も増やしてしまい、お金をどんどん使ってしまう状態にあったと言える。これでは借金は減らない。

「新型コロナ危機」という悪夢

そこにパンデミックが追い打ちをかける。二〇二〇年に発生した新型コロナウイルスの感染拡大は、世界各国の経済に深刻なダメージを与えた。感染拡大防止のために多くの国が実施した外出や移動の制限などにより経済活動がストップし、世界は瞬く間に深刻な景気後退に陥った。本書を執筆している二〇二〇年一一月時点でいまだ収束に至らないコロナ禍の中、各国政府は様々な経済支援を行ない自国経済を必死に下支えしている。

わが国も、もちろん例外ではない。一般会計予算は、前年度に続き二〇二〇年度も一〇〇兆円を超えた。当初予算は一〇二・七兆円である。しかし二〇二〇年度の一般会計予算は、ここから大幅に上積みされる。新型コロナウイルスの感染拡大を受け、政府が大型の補正予算を組んだからだ。第一次補正予算では、国民一人当たり一律一〇万円を配る特別定額給付金や収入が大幅に減った事業者への持続化給付金などが盛り込まれ、二五・六兆円が計上された。

さらに第二次補正予算では、低所得の一人親世帯への五万円給付、売り上げが急減した事業者に家賃の三分の二を支給、雇用調整助成金の拡充などに三一・九兆円と過去最大の補正予算が成立した。第一次と第二次の補正予算により歳出は約六〇兆円増加し、当初予算と合わせた二〇二〇年度の歳出は一六〇兆円を超える。二〇二〇年度の予算の異常さは二九七ページの図を見れば一目瞭然だ。図はわが国の一般会計における税収と歳出総額の推移である。二〇二〇年当初と一次補正時、二次補正時のそれぞれで二〇二〇年度の歳出総額が大きく異なる。まず、全体を眺めると、一九九〇年代以降、税収と歳出総額の乖離が大きくなっているのがわかる。この図は折れ線グラフの形状から、よく「ワニの口」と呼ばれる。税収の推移が「下あご」であり、歳出総額の推移が「上あご」だ。「上あご」と「下あご」の開きが歳入不足を意味し、それを埋めるのが国債（借金）というわけだ。

リーマン・ショックのあった二〇〇九年度を見ると、税収が大幅に減る一方

一般会計税収、歳出総額、公債発行額の推移

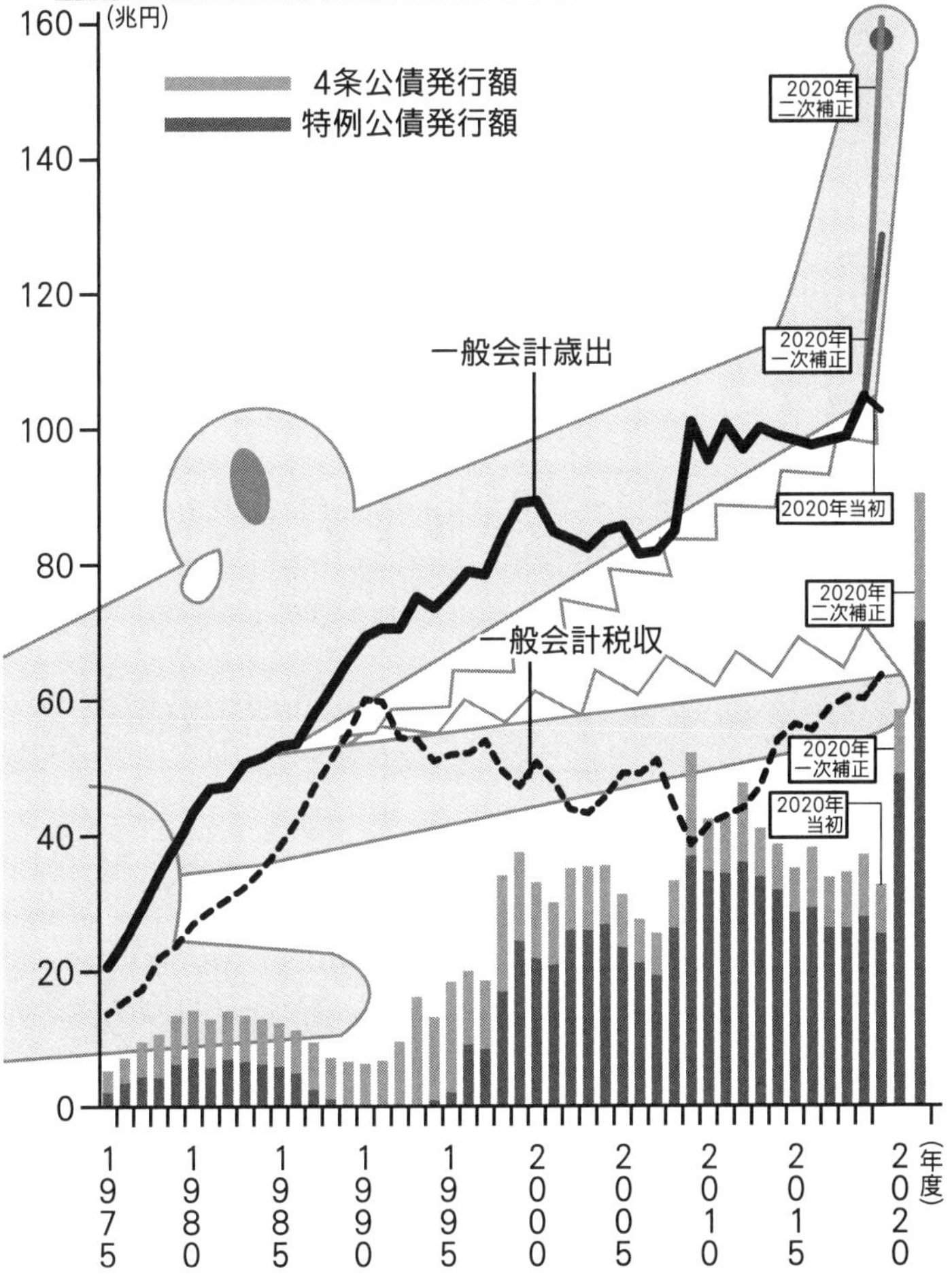

財務省のデータを基に作成

で歳出総額が大幅に増えているのがわかる。いわば、ワニのあごは外れかけたわけだ。その後一〇年ほどは「あご」の状態は小康を保ったが、二〇二〇年度に入ると、ワニの「上あご」は見るも無残で痛々しい。「上あご」は完全に外れた。と言うよりも、上に向かいポキリと折れてしまった感じだ。新型コロナ前の予算から、一次補正後の折れ線、二次補正後の折れ線を見比べていただくと、二〇二〇年度の予算の異常さはもちろん、新型コロナ危機が過去に例がないほどのとてつもない速度でわが国の財政を蝕んでいることがよくわかる。

二〇二〇年度は、税収およびその他収入で約七〇兆円の歳入を見込むが、歳出総額一六〇兆円には九〇兆円が不足する。不足分はどうするのか？ これまで通り、国債発行つまり借金で賄うことになる。新型コロナ前の当初予算では、新規国債発行額は約三二・六兆円だったが、一次補正後に五八・二兆円となり、さらに二次補正後には九〇・二兆円となった。予算の半分以上を借金で賄う異常事態だ。家計にたとえれば、七〇〇万円の年間収入に対し年間の支出が一六〇〇万円、不足する九〇〇万円を借金で賄う状態だ。あなたは、このような家計が持続可能だと思えるだろうか？

　さらに、忘れてはならないのはワニの「下あご」の方だ。二〇二〇年度の税収は六三・五兆円となっているが、新型コロナ危機により経済が極度に落ち込む中、税収の大幅な減少は確実だ。「上あご」だけでなく、「下あご」も折れかねないのである。「ワニの口」は、新型コロナ危機対策のためにわが国の財政規律のタガが完全に外れたことを示している。

出口なきバラ撒き財政

　アベノミクスについては、いわゆる「高橋財政」との類似性が指摘される。高橋財政とは、一九三一～三六年まで大蔵大臣を務めた高橋是清が行なった財政政策である。高橋は、前任の井上準之助蔵相による緊縮財政に反対し、国債の日銀引き受けによる財政支出の拡大、金本位制の停止、円相場の下落と金利の低下を促《うなが》すなど積極財政政策を進めた。各国が世界恐慌により混乱する中、高橋財政により日本はいち早くデフレから脱却した。アベノミクスは高橋財政を参考にし、これを模倣した可能性があると指摘する識者もいる。

一般的に積極財政政策は、財政を悪化させるリスクを秘める。実際、高橋が行なった積極財政もわが国の財政を大幅に悪化させ、GNP（国民総生産）比の政府債務残高は五〇％台まで上昇した。このような状況から、高橋財政に対する批判も少なくない。「高橋財政によりわが国の財政規律は失われ、歳出とりわけ軍事費の増大に歯止めがかからなくなり、敗戦後の財政破綻、ハイパーインフレにつながった」というわけだ。

しかし、高橋自身は財政悪化に危機感を持っており、当時次のような発言をしている。「多額の公債が発行されたにもかかわらず、いまだ弊害が表れずかえって金利の低下や景気回復に資せるところが少なくないので、世間の一部にはどしどし公債を発行すべしと論じる者もあるが、これは欧州大戦後の各国の高価なる経験を無視するものである」（『昭和財政史』財務省財務総合政策研究所財政史室編　東洋経済新報社刊）

高橋は緊縮財政へと舵《かじ》を切り、一九三六年度予算では国債発行減額を打ち出した。そして、軍事費削減につながる国債減額は軍部の反感を買った。そのために、あの二・二六事件で青年将校らに暗殺されてしまうのである。二・二六事件は失敗に終わったものの、これを機に軍部の発言力が強まった。軍事予算は膨張し、わが国の財政規律は完全に失われることになる。日中戦争、太平洋戦争と戦局が拡大する中、財政は破滅的に悪化して行った。

高橋は財政健全化に意欲を見せていたものの、結果的には財政規律が失われることとなった。そういう意味では、アベノミクスと高橋財政は似ていると言われるのも頷けるが、アベノミクスとそれを継承した菅政権の政策を見る限り、財政再建への意欲や明確な出口戦略すら見えない。このままでは、太平洋戦争の二の舞だ。

バラ撒くだけなら小学生の子供にだってできる。今のわが国に求められるのは、将来のリスクを国民に説明し、長期的視野に立って財政をコントロールすることだ。たとえ国民が嫌がる政策であっても、その政策が必要であるなら、それをキチンと論理的に説明し、納得させる指導者が必要なのだ。

現状の財政運営を続ける限り、わが国の未来は暗いと言わざるを得ない。二〇年後の日本は、無残な〝破綻国家〟に成り下がっていることだろう。財政再建への取り組みは、遅きに失した。はっきり言って〝手遅れ〟だ。

しかし、それでも私は諦めたくはない。日本人としてこの国を見捨てることはできない。今ならギリギリ間に合う——そう信じたいのだ。ただし、事実上手遅れになっている以上、良くも悪くも「常識的な改革」では財政破綻を回避することは不可能だ。ある意味では「非常識」と思われるような、極端なほど思い切った手を打つことで、ようやく財政破綻回避への光が見える。これが、わが国の現状なのだ。

財政がこのような状態だから、将来不安から未婚、晩婚、子供を作らない夫婦は増える一方で、それが少子高齢化に拍車をかける。また財政を直接支える税制についても多くの歪《ゆが》みがあり、大いに改善の余地がある。

そこでわが国の財政・少子高齢化・税制にスポットを当て、私なりの対策案や改革案についてお話ししたいと思う。

世界各国に見る財政再建の成功例

わが国の財政破綻回避の方策を考えるにあたり、過去に財政再建に成功した国の事例を紹介しよう。それらの国では、緊縮策に加え成長力の向上にも注力し、財政を立て直した。

たとえば、アメリカでは一九九〇年代に財政再建に取り組み、財政収支の黒字化に成功している。一九九〇年の「包括財政調整法」の成立により、一九九五年度までの五年間で約五〇〇〇億ドルの財政赤字削減を目標に掲げ、所得税の税率引き上げやメディケア（高齢者および障害者向け医療保険制度）の保険料見直しなどにより歳出削減を推し進めた。

また、財政ルールとして予算執行法を策定し、裁量的経費には毎年の歳出予算法で支出上限を設ける「キャップ制」が、義務的経費には「ペイアズユーゴールール」が設定された。ペイアズユーゴールールとは、新たな施策によって歳出増または歳入減が生じる場合、それに見合う歳出削減または増税を実施しなければならないというルールだ。

これらの緊縮策に加え、一九九三年には、当時のクリントン大統領とゴア副大統領が「情報スーパーハイウェイ構想」を表明した。これは、全米規模の高度情報通信ネットワークの構想で、米国内のすべてのコンピュータを光ケーブルなどによる高速通信回線で結ぼうというものだ。政府によるこの構想は、多額の予算がかかるため頓挫したが、民間を中心に整備したインターネットの普及は経済の中心をＩＴへと移行させた。この時期にアマゾンやグーグルが創業し、その後のアメリカの経済成長を力強くけん引した。

このような財政健全化に向けた取り組み、ＩＴバブルとそれがもたらした税収増などもあり、アメリカの財政は改善に向かった。アメリカの財政赤字は一九九二年をピークに減少し、一九九八年には財政黒字を達成、その後二〇〇〇年まで財政黒字を維持した。

一九九〇年代のスウェーデンで行なわれた財政再建も、成功例としてよく知られる。一九九〇年代初頭、スウェーデンは深刻な経済危機を経験している。通貨クローナは売り浴びせられ、一時は通貨防衛のために金利を五〇〇%まで引き上げる事態に追い込まれた。主要銀行が国有化されるなど経済は疲弊し、財政が悪化した。一九九四年には、スウェーデン最大の保険会社スカンディアが「信頼できる財政再建策が示されるまで国債を購入しない」と宣言した。長期金利は急上昇し、スウェーデン国債はデフォルト（債務不履行）の危機に陥った。

これをきっかけとして、スウェーデンは増税、歳出削減を中心に本格的な財政再建に取り組むことになる。一九九四年には財政再建計画を発表し、年金の物価スライドの抑制、保育手当の廃止に踏み切り、一九九五年には児童手当の減額や障害基礎年金の引き下げ、失業手当の給付率引き下げなどの歳出削減策を打ち出した。一九九九年には公的年金制度の抜本的な改革として年金を一元化し、政府の関与を縮小した。複数年度予算を組み、強い拘束力のある歳出シーリングを設定し、歳出総額をコントロールした。その一方で、経済成長につながる財政支出は維持した。教育、職業訓練、女性の労働参加のための保育への助成などには十分な予算を確保した。これらの財政健全化策により、スウェーデンの財政は改善に向かい、一九九八年には財政収支は黒字に転換した。

ニュージーランドも一九八〇年代前半に、インフレや財政赤字の拡大、通貨危機などで苦境に陥ったが、その後の改革で財政再建を果たした。一九八四年に発表された「Economic Management」という提言に基づき、規制緩和や税制改革、補助金の削減などの改革を推し進めた。税制改革では、一九八六年に所得税および法人税の税率を引き下げる一方で、付加価値税（消費税）を導入した。一九八七年には「Government Management」という提言を発表し、政府部門の改革を進めた。財政上の説明責任の必要性、予算制度の改革などが示され、各省庁の大臣と次官の役割を明確化するなど、人事・組織面の見直しを図った。

一九九四年には「財政責任法」が制定され、中長期的な財政戦略、予算編成の基本方針など財政運営全般に関する基本的な枠組みが示された。財政健全化の目標設定については、「政府債務を適正な水準にまで引き下げる」といった抽象的な表現に留めた。各政権が具体的な財政目標を設定し、財政目標の設定から結果の分析まで報告書の作成を義務付け、財政ルールの遵守状況を検証した。

ニュージーランドは、これらの財政健全化策により一九九四年には財政黒字を達成し、その後二〇〇八年までおおむね黒字基調を維持した。全体の債務残高も抑制され、一九八〇年代に七〇％に迫ったＧＤＰ比の政府債務残高は二〇〇七年には一六％台まで低下した。

財政再建に成功したこれらの国々の事例を見ると、歳出削減や増税を中心に財政赤字削減策を着実に進める一方で景気動向にも配慮し、税収増にもつながる経済成長との両立を上手く図っていることがわかる。端的に言えば「支出を減らし、収入を増やす」というごく当たり前のことだが、この当たり前がいかに難しいことか。財政赤字削減策を着実に遂行するための仕組みやルールを設けることも重要になるだろう。

財政破綻回避の方策

絶望的と言わざるを得ないほどに厳しいわが国の財政を立て直すのは容易ではない。しかも、コロナ禍の中、仕方がない面はあるものの「バラ撒き」と言わざるを得ない数々の新型コロナ対策支援により、わが国の財政はますます悪化している。財政再建の難易度は、すでに述べたアメリカ、スウェーデン、ニュージーランドの比ではない。これらの国々と比べても、はるかに厳しい財政健全化策を実施しなければ財政破綻の回避は不可能だ。

では、どの程度厳しい財政健全化策を行なう必要があるのか？　それを決めるためには、正確な現状把握が必要になる。現在の財政状況を基に、将来の財政状況を的確に予測する。将来の予測である限り、寸分の狂いもない一〇〇％正確な予測など不可能だが、成長率や金利など現実的な数字に基づいた予測を立てることだ。

その際、とにかく甘い見通しを前提にしないことだ。ＧＤＰ成長率にしても、これまで政府がことあるごとに掲げてきた「名目三％、実質二％」などという高望みを前提にしないことだ。こうして確度の高い予測を算定し、それを国民に公表する。日本の財政の真の状況を、国民にハッキリと伝えるのだ。

その上で、財政再建に向けて国民の間で議論と検討をしてもらい、痛みを伴う改革への覚悟を持たせる。その後、財政改革のための歳出削減と増税への道筋やスケジュールを国民に明示する。わが国の財政悪化の最大の要因になっているのは、社会保障費である。ここにメスを入れない限り、財政再建はまず不可能だ。「社会保障制度の大リストラ」と「消費増税」を中心に改革を進めることになろう。

熟慮を重ねて策定した財政健全化策も、実行できなければ絵に描いた餅にすぎない。財政健全化策の実効性、持続性を高めるための仕組み作りが財政再建成功の鍵を握る。

現在、欧米など多くの先進国で「独立財政機関」が設けられている。独立財政機関とは、財政見通しを試算したり、予算の妥当性などを検証したりする機関だ。米議会予算局や英予算責任局などの組織が有名だ。特定の政党や当局の影響を受けない中立の立場から、政府の財政支出が適切であるかを検証する。現在ＯＥＣＤ（経済協力開発機構）に加盟する三六ヵ国のうち、二八ヵ国が独立財政機関を導入している。

わが国には独立財政機関に相当する組織がなく、経済や財政の見通しを政府がまとめているが、ひたすら甘い見通しに終始し、財政健全化は遠のくばかりだ。やはり欧米各国のように独立財政機関に類する組織を作らなければ、効率的な予算配分や現実的な財政見通しを立てるのは難しいと言わざるを得ない。

そこで、財務省の中に民間中心の「財政破綻阻止委員会」といった提言機関を作ることを提唱したい。また、首相官邸直属の強力な執行機関「財政再生庁」を設置し予算に大ナタを振るう。

このように、正確な現状把握、経済および財政に関する確度の高い予測を基に財政健全化策を策定する。その財政健全化策は国民にとって非常に厳しいものにならざるを得ないから、国民の理解、協力が必須だ。さらに、財政健全化策を着実に遂行するための仕組みを作る。

これらのことがすべて実行できて、ようやく財政再建に向けたひとすじの光が見えてくるだろう。道のりは長い。例に挙げたアメリカ、スウェーデン、ニュージーランドのように数年で財政再建を達成できることはまずない。何しろ、わが国の政府債務残高はＧＤＰの二倍をはるかに上回り、世界最悪の財政状態にあるからだ。

少子高齢化への対策

急速に進む少子高齢化も経済の足を引っ張る。高齢化についてはどうこうできるものではないため、とりあえず少子化対策において、思い切った手をなるべく早く実行する。革命的な少子化対策を実行し、子供の数を劇的に増やす。並行して公教育にも大改革を行ない、イノベーション力を持つ魅力的人材を育成する。

第二章で、「昔は『子育て大変論』はなかった」とお話しした。しかし現在、現実にこれだけ子供が減ってくると、今の子育てが楽とか大変とかの議論とは別に、普通だったら「えー」というようなとんでもない政策を取り入れざるを得ない。いずれにしても、子供が増えなければこの国は滅ぶしかない。

バラ撒きといわれるかもしれないが、子供を産んだら一人当たりいくらというような手当の支給、しかも子供を産めば産むほど儲かるというような奇策を使うしかない。そこまで日本はきているのだ。だから、国民に子供を産み育てようという気持ちになってもらう環境を作るための話をこれからして行きたいと思う。

子供のいる家庭には相当手厚い支援を行なうことを提案したい。たとえば、子供が一人いる家庭には毎年一〇〇万円を現金支給する。一回こっきり一〇〇万円ではない。子供が成人するまで毎年一〇〇万円を支給するのだ。二人目の子供ができた家庭には毎年二〇〇万円、三人目には毎年二五〇万円、四人目には毎年三〇〇万円を追加支給する。子供が二人いる家庭には毎年一〇〇万円＋二〇〇万円＝三〇〇万円が支給されるわけで、家計を支えるかなりまとまった収入になる。子供が四人いる家庭なら、毎年八五〇万円が支給される。一般サラリーマンよりも高収入だ。贅沢を控えれば、働かなくても十分生活できるレベルだ。昔ながらの夫が会社員で妻が専業主婦という生活スタイルでも、年収はトータルで一〇〇〇万円を大きく超えるだろうから、かなりリッチな生活を送ることができるだろう。

子供は欲しいものの、産むのをためらう大きな理由は子供にかかる教育費の負担だ。今や大学に行くのも当たり前で、学習塾や予備校の費用も含め一人の子供を育てるには一〇〇〇万円単位の教育費がかかる。そこで、二人以上の子供を持つ家庭については子供の国公立大学の学費はゼロにする。私立大学の学費についても、家庭の負担は半額とする。

このように、「子供を産むと儲かる」という実感を与えるのだ。少子高齢化が加速する中、子供を産むことは国家に対する最大の貢献とも言え、それに対しては十分な手当てを行なうべきだ。

日本を再建するための税制改革

税制にも、抜本的な改革が求められる。何しろ、わが国の税制はあまりにも歪《ゆが》んでいる。まず、根本的に国全体として国民の税負担が少なすぎる。もちろん、国民の所得や資産には格差があり、現行以上の税負担はとても耐えられないという人もたくさんいるからその点は考慮すべきだ。しかし、全体としてはやはり税負担が少なすぎると言わざるを得ない。

三一五ページの図は、二〇一六年時点における国民所得に占める税と社会保険料の割合を示す国民負担率を国際比較したものである。図によると、日本の国民負担率は四二・八%とアメリカよりは高いものの、欧州各国と比べると低水準に留まる。しかも、アメリカは税負担も社会保障もおさえられた「低福祉・低負担」の国だ。一方、わが国には公的年金、健康保険、介護保険など社

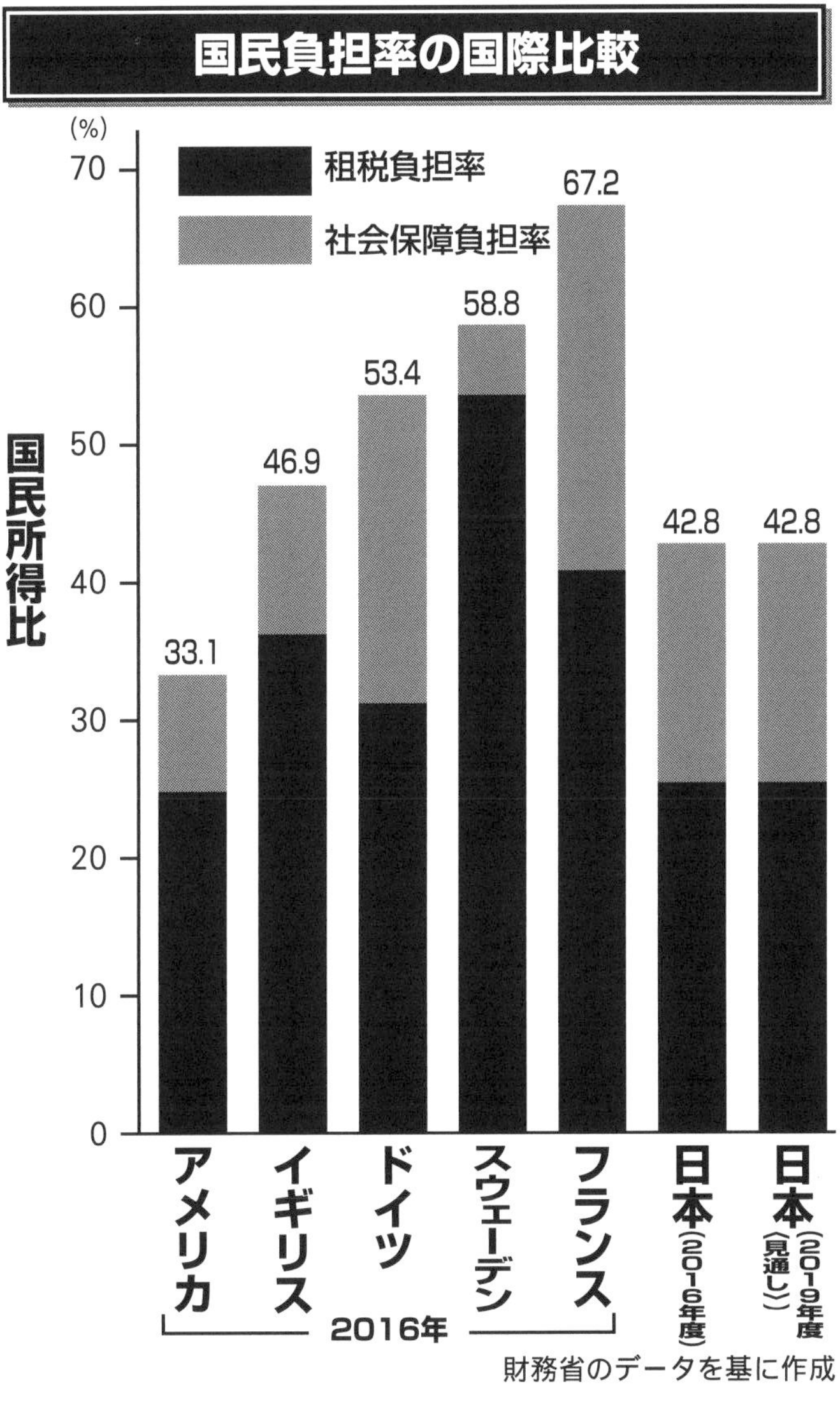
国民負担率の国際比較
(%)
70
60
50
40
30
20
10
0
国民所得比
租税負担率
社会保障負担率
33.1
46.9
53.4
58.8
67.2
42.8
42.8
アメリカ
イギリス
ドイツ
スウェーデン
フランス
日本（2016年度）
日本（2019年度〈見通し〉）
2016年
財務省のデータを基に作成

会保障制度が一通り整備されており、負担する税金以上の社会保障を受けられる「中福祉・低負担」の国と言われる。図中の租税負担率を見ると、中福祉の日本が低福祉のアメリカとほぼ同水準なのだ。

ようやく一〇％に引き上げられた消費税率も、国際的に見て低い。OECD加盟国のうち、消費税（付加価値税）のある海外三四ヵ国の消費税率は平均で一九・六％と日本の二倍近い水準だ。

消費税をはじめ、税金をなかなか上げられない日本の状況は三一七ページの図にもあらわれている。図を見ると、バブル崩壊後の三〇年で租税負担率はほとんど変わっていないのがわかる。一方、一〇％程度だった社会保障負担率は一八％程度まで増加している。高齢化の進展に伴い、医療や年金などの保険料負担が大幅に増加したにも関わらず、増税ができずそれが社会保障負担にしわ寄せされている状況が見て取れる。

これらの点からも、日本の税負担が相対的に少ないことがわかる。豊富な若年労働力があり、高い経済成長が見込める時代ならともかく、少子高齢化が進

税金の国民負担率

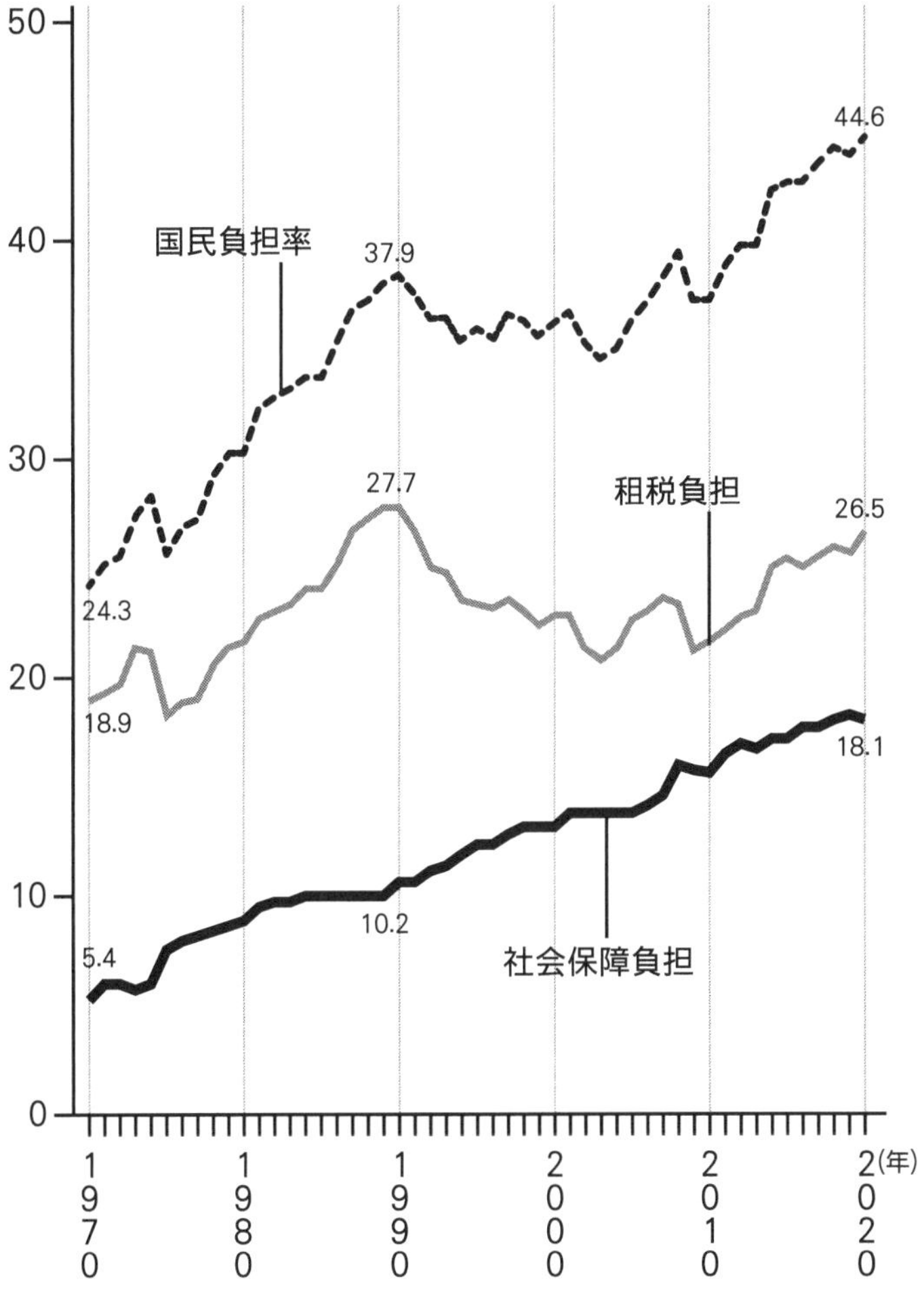

財務省のデータを基に作成

む中で「中福祉・低負担」を継続すれば財政が悪化するのも当然だ。

低負担なら低福祉、中負担なら中福祉というように、バランスを取るのが本来あるべき姿だが、悪化を極めるわが国の財政を考えると「低福祉・中負担」か「中福祉・高負担」への転換を図るしかないだろう。

財政を持続可能なものにするためにも、増税が不可避なのは言うまでもないが、もちろん闇雲《やみくも》に増税すればよいわけではない。税制には「公平・中立・簡素」という基本的な原則があり、全体的なバランスを考慮する必要がある。私が考える税制改革案は次の三つだ。

一つ目は、第二章でも触れたが「高すぎる最高税率を引き下げること」だ。

わが国では、所得税や相続税などで累進課税制度が取られている。所得や遺産の額が多くなるほど税率が上がり、税額が高くなる仕組みだ。わが国では現在、所得税の最高税率は課税所得四〇〇〇万円超に課せられる四五％（二〇三七年までは復興特別所得税が加算され四五・九五％）だ。これに加えて住民税が約一〇％課税され、合計で約五五％となる。つまり、課税所得四〇〇〇万円を超える部分に関しては、その半分以上を納税するわけだ。所得の再分配の観点から累進課税の妥当性は認めるが、半分以上を徴税するというのはちょっとどうかと思う。これでは、高所得者の様々な経済活動への意欲を殺《そ》いでしまう。

実際、日本の所得税の最高税率は国際的に見ても非常に高い。ドイツの調査会社「スタティスタ」によると、所得税の最高税率が最も高いのは、スウェーデンで税率は五七・一九％となっている。日本は五五・九五％で、スウェーデンに次いで二番目に高いのだ。高所得者の税負担を増やしすぎると、重い税負担を避けるために海外に移住するなど日本を脱出する人が増えてしまい、結局は思うように税収は上がらない。私は、所得税および住民税については現行の合計約五五％から四〇％程度に、相続税については、現行の五五％から二〇％程度にそれぞれ引き下げるべきだと思う。

また、サラリーマンの源泉徴収制度もよくない。納税した実感を持ちにくいからだ。当然、自分が払った税の使い道への関心も低くなりがちだ。すると、国の歳出に対して厳しい視線を向ける人も少なくなり、財政規律は緩《ゆる》む。やはり、所得税についてはどんなに所得が少なくても自ら確定申告をもって納税すべきだ。

　二つ目が、「消費税率の引き上げ」だ。財政再建には消費税率引き上げは避けて通れない。現行の一〇％から二〇％程度までは上げる必要がある。一度に引き上げると経済に大きな打撃を与えることになるから、段階的に引き上げる。しかし、財政が破綻の危機に瀕する中であまり多くの時間はかけられない。二年ごとに二、三％ずつ四回くらいに分けて増税するのが妥当だろう。

　消費税については、零細事業者の扱いにも問題がある。零細事業者は消費税の納税が免除される「免税事業者」になる場合がある。事業開始後二年以内であったり、定められた期間の課税売上高が一〇〇〇万円以下であれば免税事業者になる。しかし、免税事業者であっても顧客に消費税を請求しても問題ないとされている。一万円の商品を税込み一万一〇〇〇円で販売することが認められているのだ。免税事業者の条件を満たせば当然、消費税を納める必要はない。では、顧客から預かった消費税一〇〇〇円はどうなるのか？　なんと事業者の利益にしても問題ないというのだ。

これは明らかにおかしい。消費者が事業者に支払ったのは一万一〇〇〇円であり、うち一〇〇〇円は税金として支払っているのだ。このようなことがまかり通っているのが、今の税制だ。やはり公平性の観点から、零細事業者に対する消費税の免税規定は廃止すべきだ。

三つめが、「海外に出て行った富裕層に帰ってきてもらうこと」だ。富裕層の中には、日本の歪んだ税制や高額所得者へのあまりにも高額な税金に嫌気が差し、海外に移住してしまう人も少なくない。日本の財政運営はもちろん、日本経済自体にとっても大きな損失だ。このような富裕層が日本に帰ってくれば、わが国の財政・経済の両面で大きな力になるに違いない。

中には、脱税して海外に逃亡する人もいる。これについても、たとえば二年以内に自主的にすべて申告した場合、申告漏れがあった部分について二〇％のペナルティを課すことで罪には問わないこととする。もちろん、実施に当たっては先に述べた所得税と相続税の最高税率引き下げが条件だ。

脱税は厳しく処罰されるべき犯罪であるが、そもそも多くの国民に「税金を払いたくない」と思われてしまうような国にも問題がある。わが国において、「自分が払った税金が有効に使われている」と実感する人がどれだけいるだろうか？　税金の適切かつ有効な活用はもちろん、高額納税者の表彰制度くらい設けてもよいと思う。高額納税者は納税において国や自治体に多大な貢献をしているわけで、その点についてはもっと敬意を払われてもよいはずだ。

税金を多く納める人が尊敬を集めるような社会になれば、富裕層をはじめ進んで税金を納める人が増えるだろうし、脱税や税金の無駄遣いに対する世間の目も今よりもはるかに厳しいものになるに違いない。

以上が、私が考える日本再建のための方策だ。もちろん、これら以外にもやるべきことはたくさんあるだろう。多くの国民が知恵を出し、力を合わせながらこの困難を乗り越え、再び日本が輝ける豊かな国へと再生することを願うばかりである。

エピローグ

民意で日本を大改造しよう

大胆な改革や革命的変化というのは大変な苦痛を伴うものだ。別の言い方をすると、長年の膿を出すということなので、生半可なことでは実現できない。日本はバブル崩壊（一九九〇年）後の三〇年の永きにわたって自らの改革を怠り、ひたすら政府が借金をして民間を助け甘やかすことで凌《しの》いできた。その間に、世界の一流国から転落寸前のところまでやってきてしまった。苦難や血の出るような努力なしには、次の時代へ進むことはもはやできない。

そうした中で、思い出すのは、かつてこの国にもとんでもない人物がいたということだ。あまり有名ではないので、この人のことを知らない方も多いのではないかと思うが、山中鹿之助という人物だ。戦国末期の山陰地方の武将で毛利に滅ぼされた尼子氏の遺臣で、尼子氏再興をもくろむ過程ですさまじい苦労を重ねる中で「願わくば、我に七難八苦を与えたまえ!!」と神に祈ったという。

なんとすさまじい人間力だろう。並大抵の人物が言えるものではない。それに引き換え今の日本人のなんとひ弱く、頼りないことか。他人頼み、政府頼み、親頼み、そして神頼み。神頼みと言っても山中鹿之助とはまったく逆で、「自分に悪いこと、苦しいことは起きないでくれ」という情けない頼みごとだ。日本人全員とは言わないが、八割以上がこうした状態だろう。

しかし、もう日本を取り巻く状況がこうした甘ったれを許さない段階にまできている。勇気を持ってこの国のすべてを変え、大改革を実現しないと、他からの強大な圧力（たとえば市場の大反乱やＩＭＦの介入）によってガラガラポンを強制的にやらされる破目に陥ることだろう。

そこで、改めて私は言いたい。政治にもう少し関心を持とう!!

先進国でこれほど政治に無関心な国民も珍しい。しかも、残念なことに民度が低下したのか、国民の多くに正しい批判能力が欠如しているとしか思えない。マスコミの状況もしかりである。

しかし、嘆いてばかりいても何も始まらない。少しずつこの国を変えようではないか。政治家、官僚にとって最も怖いのは「民意」である。私たち国民が何を考え、何を望んでいるのか。それこそ最も大きな力である。日本改革のための原動力でもある。民意を変え、日本を大改造しよう。

本書が、二一世紀の日本のために少しでも貢献できれば幸いである。

二〇二〇年一二月吉日

浅井　隆

■今後、『ボロ株で大化けを狙おう!!』『2030年までに日経平均5万円（NYダウ6万ドル）に!』（すべて仮題）を順次出版予定です。ご期待下さい。

浅井隆からの重要なお知らせ

——恐慌および国家破産を勝ち残るための具体的ノウハウ

厳しい時代を賢く生き残るために必要な情報収集手段

私が以前から警告していた通り、今や世界は歴史上最大最悪の二京七〇〇〇兆円という額の借金を抱え、それが新型コロナウイルスをきっかけとして二、三年以内に大逆回転しそうな情勢です。中でも日本国政府の借金は先進国中最悪で、この国はいつ破産してもおかしくない状況です。そんな中、あなたと家族の生活を守るためには、二つの情報収集が欠かせません。

一つは「国内外の経済情勢」に関する情報収集、もう一つは国家破産対策としての「海外ファンド」や「海外の銀行口座」に関する情報収集です。これらについては、新聞やテレビなどのメディアやインターネットでの情報収集だけでは十分とは言えません。私はかつて新聞社に勤務し、以前はテレビに出演をしたこともありますが、その経験から言えることは「新聞は参考情報。テレビはあくまでショー（エンターテインメント）」だということです。インターネットも含め、誰もが簡単に入手できる情報でこれからの激動の時代を生き残って行くことはできません。

皆さんにとって、最も大切なこの二つの情報収集には、第二海援隊グループ（代表：浅井隆）が提供する特殊な情報と具体的なノウハウをぜひご活用下さい。

◆〝恐慌および国家破産対策〟の入口「経済トレンドレポート」

電子版も好評配信中！

皆さんに特にお勧めしたいのが、浅井隆が取材した特殊な情報をいち早くお届けする「経済トレンドレポート」です。今まで、数多くの経済予測を的中させてきました（例：二〇一九年七月一〇日号「恐慌警報第1弾！　次にやってくる危機は、リーマン・ショック以上の大災害の可能性」、二〇二〇年二月二〇日号「恐慌警報第8弾！　やはり2020年はとんでもない年になる!?」）。

そうした特別な経済情報を年三三回（一〇日に一回）発行のレポートでお届けします。初心者や経済情報に慣れていない方にも読みやすい内容で、新聞やインターネットに先立つ情報や、大手マスコミとは異なる切り口からまとめた情報を掲載しています。

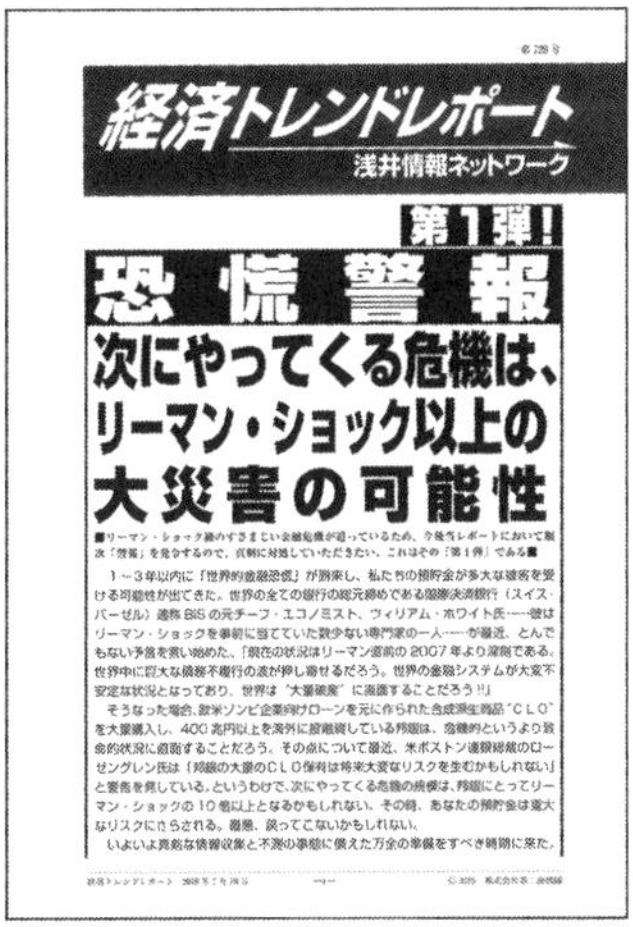
経済トレンドレポート
浅井情報ネットワーク
第1弾！
恐慌警報
次にやってくる危機は、リーマン・ショック以上の大災害の可能性

■リーマン・ショック級のすさまじい金融危機が迫っているため、今後当レポートにおいて順次「警報」を発令するので、真剣に対処していただきたい。これはその「第1弾」である■

1～3年以内に「世界的金融恐慌」が到来し、私たちの預貯金が多大な被害を受ける可能性が出てきた。世界の全ての銀行の総元締めである国際決済銀行（スイス・バーゼル）通称BISの元チーフ・エコノミスト、ウィリアム・ホワイト氏――彼はリーマン・ショックを事前に当てていた数少ない専門家の一人――が最近、とんでもない予言を言い始めた。「現在の状況はリーマン直前の2007年より深刻である。世界中に巨大な債務不履行の波が押し寄せるだろう。世界の金融システムが大変不安定な状況となっており、世界は"大崩壊"に直面することだろう!!」

そうなった場合、欧米ゾンビ企業向けローンを元に作られた合成派生商品"CLO"を大量購入し、400兆円以上を海外に投融資している邦銀は、危機的というより致命的状況に直面することだろう。その点について最近、米ボストン連銀総裁のローゼングレン氏は「邦銀の大量のCLO保有は将来大変なリスクを生むかもしれない」と警告を発している。というわけで、次にやってくる危機の規模は、邦銀にとってリーマン・ショックの10倍以上となるかもしれない。その時、あなたの預貯金は重大なリスクにさらされる。最悪、戻ってこないかもしれない。

いよいよ真剣な情報収集と不測の事態に備えた万全の準備をすべき時期に来た。

2019年7月10日号

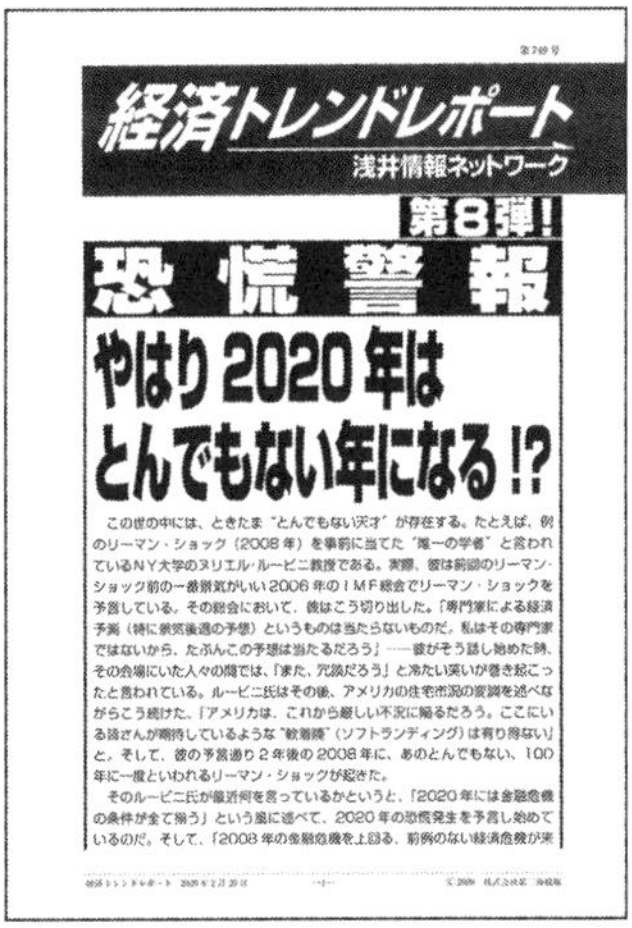
経済トレンドレポート
浅井情報ネットワーク
第8弾！
恐慌警報
やはり2020年はとんでもない年になる!?

この世の中には、ときたま"とんでもない天才"が存在する。たとえば、例のリーマン・ショック（2008年）を事前に当てた"唯一の学者"と言われているNY大学のヌリエル・ルービニ教授である。実際、彼は前回のリーマン・ショック前の一番景気がいい2006年のIMF総会でリーマン・ショックを予言している。その総会において、彼はこう切り出した。「専門家による経済予測（特に景気後退の予想）というものは当たらないものだ。私はその専門家ではないから、たぶんこの予想は当たるだろう」――彼がそう話し始めた時、その会場にいた人々の間では、「また、冗談だろう」と冷たい笑いが巻き起こったと言われている。ルービニ氏はその後、アメリカの住宅市況の崩壊を述べながらこう続けた。「アメリカは、これから厳しい不況に陥るだろう。ここにいる皆さんが期待しているような"軟着陸"（ソフトランディング）は有り得ない」と。そして、彼の予言通り2年後の2008年に、あのとんでもない、100年に一度といわれるリーマン・ショックが起きた。

そのルービニ氏が最近何を言っているかというと、「2020年には金融危機の条件が全て揃う」という風に述べて、2020年の恐慌発生を予言し始めているのだ。そして、「2008年の金融危機を上回る、前例のない経済危機が来

2020年2月20日号

今回のコロナ恐慌を当てていた、非常に価値のあるレポート。個人でも法人でも、これだけは最低限お読みいただきたい。

さらにその中で、恐慌、国家破産に関する『特別緊急警告』『恐慌警報』『国家破産警報』も流しております。「激動の二一世紀を生き残るために対策をしなければならないことは理解したが、何から手を付ければよいかわからない」「経済情報をタイムリーに得たいが、難しい内容にはついて行けない」という方は、最低でもこの経済トレンドレポートをご購読下さい。年間、約三万円で生き残るための情報を得られます。また、経済トレンドレポートの会員になられますと、当社主催の講演会など様々な割引・特典を受けられます。

◆浅井隆のナマの声が聞ける講演会

著者・浅井隆の講演会を開催いたします。二〇二一年は名古屋・四月九日（金）、大阪・四月二三日（金）、東京・五月一四日（金）を予定しております。経済の最新情報をお伝えすると共に、生き残りの具体的な対策を詳しく、わかりやすく解説いたします。

活字では伝えることのできない肉声による貴重な情報にご期待下さい。

詳しいお問い合わせ先は、㈱第二海援隊まで。
■第二海援隊連絡先
TEL：〇三（三二九一）六一〇六　FAX：〇三（三二九一）六九〇〇
Eメール：info@dainikaientai.co.jp

◆第二海援隊ホームページ

第二海援隊では様々な情報をインターネット上でも提供しております。詳しくは「第二海援隊ホームページ」をご覧下さい。私ども第二海援隊グループは、皆さんの大切な財産を経済変動や国家破産から守り殖やすためのあらゆる情報提供とお手伝いを全力で行ないます。

また、浅井隆によるコラム「天国と地獄」を一〇日に一回、更新中です。経済を中心に長期的な視野に立って浅井隆の海外をはじめ現地生取材の様子をレポートするなど、独自の視点からオリジナリティあふれる内容をお届けします。

ホームページアドレス：http://www.dainikaientai.co.jp/

詳しいお問い合わせ先は、㈱第二海援隊まで。

■第二海援隊連絡先

TEL：〇三（三二九一）六一〇六　FAX：〇三（三二九一）六九〇〇

Eメール：info@dainikaientai.co.jp

ホームページアドレス：http://www.dainikaientai.co.jp/

第二海援隊
HPはこちら

〈参考文献〉

【新聞・通信社】

『日本経済新聞』『日経産業新聞』『産経新聞』『読売新聞』『時事通信社』
『ブルームバーグ』『ロイター』『フィナンシャル・タイムズ』

【書籍】

『いまこそ税と社会保障の話をしよう』(井手英策著　東洋経済新報社)
『これが答えだ！少子化問題』(赤川学著　筑摩書房)
『この国のたたみ方』(佐々木信夫著　新潮社)
『道州制で日はまた昇るか』(道州制 .com 著　現代人文社)
『明治国家のこと』(司馬遼太郎著　筑摩書房)
『2050 年の世界　英『エコノミスト』誌は予測する』(英『エコノミスト』編集部編　文藝春秋)
『昭和財政史』(財務省財務総合政策研究所財政史室編　東洋経済新報社)

【拙著】

『日本をもう一度江戸時代に戻そう！』(第二海援隊)『あと２年』(第二海援隊)
『年金ゼロでやる老後設計』(第二海援隊)『新型肺炎発世界大不況』(第二海援隊)
『2020 年までに世界大恐慌　その後、通貨は全て紙キレに〈上〉』(第二海援隊)

【雑誌・論文・その他】

『サンデー毎日』『ブルームバーグ ビジネスウィーク』
『生産性レポート vol.13 産業別労働生産性水準の国際比較 2020 年５月』
(滝澤美帆・公益財団法人日本生産性本部　生産性総合研究センター)
『こころ便り』(新宮運送グループ)

【ホームページ】

フリー百科事典『ウィキペディア』
『首相官邸』『内閣府』『参議院』『財務省』『総務省』『国立国会図書館』
『東京都』『大阪府』『大阪市』『京都府』『岡山県』『全国町村会議長会』
『公明党』『大阪維新の会』『れいわ新撰組』『松下政経塾』『ＮＨＫ』
『財務総合政策研究所』『日本貿易振興機構』『IMF』『京都大学』
『神戸大学経済経営研究所』『マネーフォワード』『出光興産』『アントレ』
『一般財団法人自治体国際化協会』『公益財団法人資本市場研究会』
『社会実情データ図録』『精選版 日本国語大辞典』『現代ビジネス』
『日経ビジネスオンライン』『ダイヤモンドオンライン』『マーケジン』
『プレジデントオンライン』『東洋経済オンライン』『NEWS ポストセブン』
『マイナビニュース』『ブランド・ファイナンス』『エコノミスト』
『ITmedia ビジネス ONLiNE』『地球の名言』『IQ』『癒しツアー』
『ヤフーニュース』『コトバンク』『statista』『アントレ』
『CorporateInformation』『GLOBAL NOTE』『ニューズウィーク』
『ドイツニュースダイジェスト』『ウォール・ストリート・ジャーナル』
『人民網』『レコードチャイナ』『サーチナ』『中央日報』『朝鮮日報』

〈著者略歴〉

浅井　隆（あさい　たかし）

経済ジャーナリスト。1954年東京都生まれ。学生時代から経済・社会問題に強い関心を持ち、早稲田大学政治経済学部在学中に環境問題研究会などを主宰。一方で学習塾の経営を手がけ学生ビジネスとして成功を収めるが、思うところあり、一転、海外放浪の旅に出る。帰国後、同校を中退し毎日新聞社に入社。写真記者として世界を股にかける過酷な勤務をこなす傍ら、経済の猛勉強に励みつつ独自の取材、執筆活動を展開する。現代日本の問題点、矛盾点に鋭いメスを入れる斬新な切り口は多数の月刊誌などで高い評価を受け、特に1990年東京株式市場暴落のナゾに迫る取材では一大センセーションを巻き起こす。
その後、バブル崩壊後の超円高や平成不況の長期化、金融機関の破綻など数々の経済予測を的中させてベストセラーを多発し、1994年に独立。1996年、従来にないまったく新しい形態の21世紀型情報商社「第二海援隊」を設立し、以後約20年、その経営に携わる一方、精力的に執筆・講演活動を続ける。2005年7月、日本を改革・再生するための日本初の会社である「再生日本21」を立ち上げた。主な著書:『大不況サバイバル読本』『日本発、世界大恐慌！』（徳間書店）『95年の衝撃』（総合法令出版）『勝ち組の経済学』（小学館文庫）『次にくる波』（PHP研究所）『Human Destiny』（『9・11と金融危機はなぜ起きたか!?〈上〉〈下〉』英訳）『いよいよ政府があなたの財産を奪いにやってくる!?』『預金封鎖、財産税、そして10倍のインフレ!!〈上〉〈下〉』『世界中の大富豪はなぜＮＺに殺到するのか!?〈上〉〈下〉』『円が紙キレになる前に金を買え！』『元号が変わると恐慌と戦争がやってくる!?』『有事資産防衛　金か？　ダイヤか？』『第2のバフェットか、ソロスになろう!!』『浅井隆の大予言〈上〉〈下〉』『2020年世界大恐慌』『北朝鮮投資大もうけマニュアル』『この国は95%の確率で破綻する!!』『徴兵・核武装論〈上〉〈下〉』『100万円を6ヵ月で2億円にする方法！』『最後のバブルそして金融崩壊』『恐慌と国家破産を大チャンスに変える！』『国家破産ベネズエラ突撃取材』『都銀、ゆうちょ、農林中金まで危ない!?』『10万円を10年で10億円にする方法』『私の金が売れない！』『株大暴落、恐慌目前！』『2020年の衝撃』『デイトレ・ポンちゃん』『新型肺炎発世界大不況』『恐慌からあなたの預金を守れ!!』『世界同時破産！』『コロナ大不況生き残りマニュアル』『コロナ恐慌で財産を10倍にする秘策』『巨大インフレと国家破産』『年金ゼロでやる老後設計』（第二海援隊）など多数。

〈対談者略歴〉

石破　茂　（いしば　しげる）

昭和 32 年 2 月 4 日生まれ。血液型Ｂ型。鳥取県八頭郡八頭町郡家出身。鳥取大学附属小・中学校、慶応義塾高等学校を経て、昭和 54 年 3 月、慶應義塾大学法学部法律学科卒業。昭和 54 年 4 月、三井銀行（三井住友銀行）入行。昭和 61 年 7 月、旧鳥取県全県区より全国最年少議員として衆議院議員初当選、以来 11 期連続当選。

内閣では、農林水産政務次官（宮澤内閣）、農林水産総括政務次官・防衛庁副長官（森内閣）、防衛庁長官（小泉内閣）、防衛大臣（福田内閣）、農林水産大臣（麻生内閣）、内閣府特命担当大臣（地方創生・国家戦略特別区域担当）（安倍内閣）を歴任。国会では、規制緩和特別委員長、運輸常任委員長。自民党では過疎対策特別委員長、安全保障調査会長、高齢者特別委員長、総合農政調査会長代行、政務調査会長、幹事長等を歴任。

もはや日本には創造的破壊（ガラガラポン）しかない!!

2021 年 1 月 18 日　初刷発行

著　者　浅井　隆
発行者　浅井　隆
発行所　株式会社　第二海援隊
〒 101-0062
東京都千代田区神田駿河台２-５-１　住友不動産御茶ノ水ファーストビル８Ｆ
電話番号　03-3291-1821　　ＦＡＸ番号　03-3291-1820
印刷・製本／中央精版印刷株式会社
ISBN978-4-86335-212-4

第二海援隊発足にあたって

日本は今、重大な転換期にさしかかっています。にもかかわらず、私たちはこの極東の島国の上で独りよがりのパラダイムにどっぷり浸かって、まだ太平の世を謳歌しています。

しかし、世界はもう動き始めています。その意味で、現在の日本はあまりにも「幕末」に似ているのです。ただ、今の日本人には幕末の日本人と比べて、決定的に欠けているものがあります。それこそ、志と理念です。現在の日本は世界一の債権大国（＝金持ち国家）に登り詰めはしましたが、人間の志と資質という点では、貧弱な国家になりはててしまいました。それこそが、最大の危機といえるかもしれません。

そこで私は「二十一世紀の海援隊」の必要性を是非提唱したいのです。今日本に必要なのは、技術でも資本でもありません。志をもって大変革を遂げることのできる人物と、それを支える情報です。まさに、情報こそ〝力〟なのです。そこで私は本物の情報を発信するための「総合情報商社」および「出版社」こそ、今の日本に最も必要と気付き、自らそれを興そうと決心したのです。

しかし、私一人の力では微力です。是非皆様の力をお貸しいただき、二十一世紀の日本のために少しでも前進できますようご支援、ご協力をお願い申し上げる次第です。

浅井　隆